雙薪家庭

進化論

打造**神隊友**，成就彼此的**愛情**與**事業**

COUPLES THAT WORK

How Dual-Career Couples
Can Thrive in Love and Work

Jennifer Petriglieri

珍妮佛・彼崔格里利——著

実瑠茜——譯

各界好評

每一對雙薪夫妻都為了成就彼此的圓滿人生而努力。現在珍妮佛・彼崔格里利寫了一本很有幫助的書，書中包含許多真實故事，以及實際有效的解決方案。真希望我在職涯早期與中期，就看過這本書。如今擁有了它，我覺得很開心。

——喬安娜・芭爾許（Joanna Barsh），麥肯錫榮譽董事、《打造完美女性：在工作與生活中找到突破的方法》共同作者

《雙薪家庭進化論》針對一百對以上的夫妻，深入探討他們的人生課題，讀來溫馨、引人入勝。所有想擁有成功事業與圓滿愛情的人，都該讀讀這本極具啟發性的書。

——拉茲洛・博克（Laszlo Bock），Humu 共同創辦人兼執行長、Google 前人力營運部資深副總
著有《Google 超級用人學：讓人才創意不絕、企業不斷成長的創新工作守則》

♥

在這本發人深省、富有哲理的書裡，彼崔格里利教授為所有雙薪夫妻提供了清晰的藍圖。我和我的另一半一起閱讀，我也建議你們這麼做。它非常有趣！

——琳達・葛瑞騰（Lynda Gratton），倫敦商學院管理實務教授、《一百歲的人生戰略》共同作者

♥

珍妮佛・彼崔格里利不僅花了五年的時間，仔細研究雙薪夫妻所面臨的挑戰，她自己也有同樣的經驗。她在書中告訴我們，雙薪夫妻要如何存活下來，並且成就彼此。

——亞當・格蘭特（Adam Grant），《紐約時報》暢銷書《反叛，改變世界的力量：華頓商學院最啟發人心的一堂課2》《給予：華頓商學院最啟發人心的一堂課》作者；TED播客節目《工作生活》（WorkLife）主持人

♥

所有夫妻都會經歷數次轉變，針對這些可以事先預測的轉變，珍妮佛・彼崔格里利提供了精闢的藍圖。她訪問了各種年齡層的夫妻，並進行深入的研究；透過這些引人入勝的故事來說明，該如何理解與面對每一次轉變，讓夫妻倆的工作更具意義、感情更加圓滿。所有雙薪夫妻都必須好好地讀一讀這本書。

——荷蜜妮亞・伊巴拉（Herminia Ibarra），倫敦商學院組織行為學教授、《像領導者一樣行動與思考》（暫譯）作者

♥

在書裡，珍妮佛・彼崔格里利提供實際可行的做法與真切的提醒，協助夫妻度過這些深具挑戰性的轉變，同時在生涯與職涯發展的過程中，重新規劃出一條路，並攜手朝同一個方向邁進。這本書發人深省，所有雙薪夫妻都該好好地讀一讀。

——惠特妮・強森（Whitney Johnson），《破壞者優勢：個人版破壞式創新，助你突破職場關卡，立刻進化》《建立A級團隊：讓他們發揮所長、不斷學習》（暫譯）作者

珍妮佛・彼崔格里利的新書發人深省，書裡的獨到見解，能幫助讀者克服職業生涯中的種種挑戰。藉由廣泛的研究，她詳細探討工作與親密關係背後隱藏的深層能量，為夫妻們提供實用的做法與明智的建議，讓他們能成就彼此的愛情與事業。

——泰瑞・凱莉（Terri Kelly），戈爾公司（W. L. Gore & Associates）前執行長

♥

透過生動的真實故事、令人耳目一新的研究，以及獨到的分析，珍妮佛・彼崔格里利針對身處不同人生階段的雙薪夫妻，說明要如何順利向前邁進。所有為工作與親密關係盡心盡力的夫妻都該讀讀《雙薪家庭進化論》這本書。

——法蘭西絲卡・吉諾（Francesca Gino），哈佛商學院坦登家族工商管理教授、暢銷書《叛逆天賦：為什麼打破工作與人生規則很值得》（暫譯）作者

獻給吉安皮耶羅（Gianpiero），

你是我的靈感來源，總是帶給我無限的啟發。

♥

我還要將它獻給皮耶特羅（Pietro）和亞莉安娜（Arianna），

你們總是讓我們的生活充滿快樂與驚喜。

目次

第三次轉變

現在我們是怎樣的人？

1

雙薪夫妻的三次轉變

雪柔（Cheryl）躺在醫院的床上，她剛出生的孩子就在身旁；她開心極了。雪柔已經存了足夠的錢，可以向她工作的財務服務公司請三個月的不支薪產假[*1]。她很期待學習做小安娜貝爾（Annabel）的母親。這對她來說，意義非凡。小時候，雪柔經常得擔心錢的問題，長大成人後，為了確保自己的孩子不會如此，她一直很努力工作。她的夢想正在實現，並因此感到自豪。她也有點緊張，因為她和馬克（Mark）買了一間較大的公寓。（他們為此提高了家庭開銷。）不過，在她休假期間，馬克的薪水足以支付他們的開銷，這令她很感激。

當馬克雀躍地走進房間時，雪柔的思緒因此被打斷。他笑容滿面，手上抱著一袋嬰兒的衣服。（他們先前急忙趕到醫院，忘了把它們帶來。）過去兩年來，他在私人企業忍受著討厭的工作，同時積極建立人脈，希望能進入新創領域工作。這非常困難，但安娜貝爾的誕生，顯然讓他的心情變好不少。

馬克親了親雪柔，接著抱起安娜貝爾。他凝視著她的眼睛，那時她打了個呵欠。「我之前就跟妳說過，她的眼睛會和妳一模一樣，」他說，然後突然脫口而出，「妳猜發生了什麼事？」他似乎興奮地有些飄飄然。

「什麼事？」雪柔滿懷期待地問。

「我剛才接到賽巴斯提安（Sebastien）的電話。他創立的公司在第一輪募資中取得資金，希望我可以加入他們！」

雪柔的臉色頓時變得蒼白。這正是馬克夢寐以求的事，但在草創時期加入一家新創公司，意味著薪資大幅下滑，甚至根本領不到薪水。他們的存款微薄，現在還有房貸要繳，這表示雪柔必須在幾週後就回去上班。她努力表現出支持的樣子：「這真是太棒了！等我們回家之後，再一起討論何時加入吧。」

「親愛的，我很抱歉，我們不能這麼做。賽巴斯提安的事業進展快速，現在就是我加入他們的時候，」馬克回答，並緊緊地握住雪柔的手。「我已經辭職了；我下週一就會去那裡上班。」

*

雪柔和馬克是真實存在的人物，我只是更改了他們的名字。我為了這本書進行了一些研究；我訪問了許多夫妻，他們是其中一對。在第2章裡，我會再探討他們的故事。他們的故事正好彰顯出一個共同議題——**對雙薪家庭而言，有時意想不到的事件打亂了原本縝密的計畫，突如其來的改變與挑戰，和生命中最快樂的事交織在一起**。絕佳的工作機會引發最困難且真實的對話；一個人的職涯選擇似乎是他人生中最重大的決定。

儘管雙薪家庭面臨的挑戰眾所皆知，令人意外的是，在因應這些挑戰時，卻缺乏有效的指引。多數職涯建議都是針對個人提出的，彷彿我們是獨自前行，在做出

*1 根據美國聯邦政府一九九三年通過的法案，雇主必須提供員工十二週的不支薪產假，但員工人數少於五十人的公司、工作不滿一年者皆不適用。二〇一六年，加州舊金山市通過法案，規定企業必須提供員工六週的全薪產假，是全美率先推動帶薪產假的城市。

重要職涯決定時，沒有伴侶、孩子、手足、朋友，或年邁的父母親需要考慮。

此外，多數提供給夫妻的建議都圍繞著親密關係本身，和他們的職涯夢想沒有關係。即便如此，他們還是會看到一堆通用祕訣，告訴他們該做些什麼——「平均分攤家務」「在生活與工作之間取得平衡」「為彼此騰出時間」等。然而，這些祕訣都不會使他們明白要怎麼做，更不用說滿足他們在愛情與工作上最深層的需求。對於那些追求事業成功、愛情圓滿的人，有些人甚至會說他們天真得無可救藥。

我想，這些建議之所以令人感到失望，是因為它們只針對表面問題，而非導致這些問題的潛在能量。它們告訴我們，該如何排定彼此的工作順位、分攤家務，以及維繫一段健康的關係，而不是先探討，為什麼我們會為這些事所苦。

在我訪問的人當中，有很多人都想出了同步更新行事曆、分擔家庭責任，並且在工作中取得平衡的巧妙方法，但他們卻很少談論和深層心理與社會力量（deeper psychological and social forces）相關的事。我指的是，他們因為兩人之間的權力與控制（power and control）而苦苦掙扎；他們期盼對方在自己生命中扮演特定角色；他們各自懷抱希望與恐懼，以及他們對美好關係與工作共同抱持的期待。這些都對他們產生極大的影響。

雖然夫妻不太談論這些事，但這些深層的心理與社會力量，卻影響了他們相處和做決定的方式。它們左右人們的行為，並形塑親密關係的樣貌。有時，在轉變期間（這是本書關注的重點），這些力量顯得巨大且難以抵擋；有時，它們又只像是一條小溪，帶著夫妻緩緩前行。有些人很清楚地察覺這些能量的存在，有些人則只是隱約意識到，甚至是渾然不覺。我透過研究發現，如果夫妻不加以處理，這些力量將變成他們的阻礙，導致許多衝突。然而，若是了解並善用它們，將使挑戰變得輕鬆一些，同時也有助於他們成就彼此。

除了分攤家務以外

撇除現實層面不談，分析雙薪夫妻面臨的挑戰背後，隱藏的那些心理與社會力量，讓讀者有更深刻的認識，是我寫這本書的目的。在書裡，我也說明了，思考並談論和這些力量相關的事，將使夫妻迎來更成功的事業與更圓滿的愛情。

五年前，我開始探究雙薪家庭的生活，試圖了解夫妻何時、為何陷入掙扎或獲得成功，也根據這些研究，發展出一套更細膩的方法，引領他們活出更美好的人生。

我以一個簡單的問題展開我的研究——「雙薪夫妻要如何成就彼此的愛情與事

業？」當我剛開始進行訪問時，我天真地以為，伴侶只會在親密關係的早期階段陷入掙扎，然後他們會設法讓彼此的感情與工作相互配合，使他們的人生過得更順遂一些。但我越深入研究，越覺得迷惑。這些夫妻在漫長的職業生涯中，經常出現苦苦掙扎的情況，這代表他們必須不只一次重新思考，怎麼讓他們的感情與工作相互配合。

在我訪問過更多對夫妻之後，我心頭的迷霧開始散去。我注意到這些掙扎之間的相似處。此外，我認為它們是可以事先預測的。我發現，雙薪夫妻在他們的職業生涯裡，會經歷三次轉變。在每一次轉變期間，夫妻都必須面臨不同的挑戰，如果能順利度過，他們將建立更深層的親密關係。

劃分出這些轉變，使我用新的方式來理解雙薪家庭面臨的挑戰。帶來這些挑戰的心理與社會力量——人生大事、從眾壓力（conformity pressure）、角色轉變，因此顯現出來。我也領悟到，思考並談論它們，可以避免失衡、留下遺憾，甚至漸行漸遠，幫助夫妻成就彼此的愛情與事業。

於是，我寫成了這本書。它描繪出雙薪家庭的真實樣貌，並且引領他們將生活變得更好。

雙薪家庭逐漸增加

在深入探討之前，體認到「在現今社會，雙薪家庭是一種常態」很重要。在北美洲和歐洲超過百分之六十五的家庭裡，夫妻雙方都有工作，而且這個數字每年都在成長。[1] 即便像是在日本這種雙薪家庭比例較低的國家，也持續呈現上升趨勢。[2] 導致這個趨勢的原因顯而易見，那就是經濟。在當今花費高昂、充滿不確定性的世界裡，擁有兩份薪水，讓夫妻較能應付不斷增加的生活開支，萬一其中一人被解雇時，也提供了一定程度的財務保障。

但經濟需求只是其中的一部分。在世界各地，夫妻之間的地位日趨平等。有越來越多男性與女性都認為，有一份好工作，同時在家庭中扮演活躍角色，這樣的人生才有意義。雖然這件事較少被談論，但有越來越多的證據顯示，當夫妻雙方都有工作，並為家庭奉獻心力時，兩人都能因此獲益。

當其中一人有穩定的收入時，另一個人就比較能夠學習新技能、探索其他可能性，並且轉換跑道。比方說，當你知道另一半的薪水足以支付各種開銷時，決定冒險創業，是更容易被接受的。研究也指出，當夫妻雙方都有工作時，他們會給予彼此的工作更大的尊重，這使他們的感情變得更加緊密。[3]

當夫妻雙方在家庭裡都很活躍時，他們的孩子，以及他們之間的感情都將因此受益。當父母親都陪孩子玩樂、教他們寫作業，全家人也會一起吃飯時，他們將擁有較高明的社交技巧，學業表現也會更優異。[4] 當夫妻雙方都為了家務奉獻許多心力時，他們的感情將更加圓滿，不僅較少起衝突，性生活也較為頻繁。[5] 其中最值得注意的是，收入大致相同且平均分攤家務的夫妻，離婚率竟然比一般夫妻低了百分之四十八。[6]

儘管有這些好處，對雙薪家庭而言，生活並非總是一帆風順；繁重的家務是很棘手的問題。當夫妻中的一人負責賺錢養家，另一個人負責照顧家裡時，這個問題或許會變得簡單一些。在我訪問的人當中，有許多夫妻都曾經有過因為出差，導致家裡一團混亂，或是在兩人都有重要會議時，孩子卻生病的經驗。對那些住得離其他家族成員很遠的夫妻來說，生活更是充滿挑戰。由於社會支持網絡（social support networks）[*2] 規模較小，某些夫妻必須獨自應付繁瑣的個人與家庭生活，因此承受了很大的壓力。

除此之外，對每個人來說（無論他們是否有另一半），工作變動性都變得比以前更大。一般勞工在他們的職業生涯裡，會換十至十五份工作。[7] 公司不再保障終身雇用，人們也四處移動，積極尋求機會與自我成長。雖然擁有更多的職業選擇看來好處多多，但做這些決定確實是一件壓力很大的事，尤其是和另一半相互協調時更是如此。

即便人們現在較不注重組織歸屬感，他們也比以往更注重工作，把它視作生命意義的來源。比起過去，我們的工作和我們是怎樣的人、如何定義自我更息息相關。[8]因為工作代表身分認同、自我肯定與人生意義，我們自然會投入大量的心力，希望在事業上有所成就。簡而言之，**我們花很多時間工作**。

上述趨勢讓雙薪夫妻面臨許多掙扎、兩難與疑惑——我們能否擁有同等重要的工作，或者必須以其中一人的工作為優先？在不犧牲工作的情況下，我們要怎麼兼顧孩子與家庭責任？是否每件事都必須妥協，或者我們可以找出對雙方都有利的解決方案？最重要的是，要如何成就我們的愛情與事業呢？

對我來說，它們不只是學術問題而已。它們是過去十四年來，我親身經歷並努力面對的問題。

*2 社會支持網絡是指個人藉由與他人接觸，維繫社會認同、接收情感支持、物質支助，以及各種資訊。這個網絡包含了家庭、朋友、鄰里、同事、自助團體、神職人員和宗教組織，能幫助個人因應危機、緩和壓力，並克服各種挑戰。

針對雙薪家庭進行研究的我，也是某個人的另一半

二〇一〇年三月的某一天，我在凌晨三點決定辭去我的工作。當時，我正從企業界轉進學術界；三十三歲讀博士的我，是班上年紀最大的學生之一。此外，我也是兩個孩子的母親，那時他們都還不滿兩歲。他們活潑好動，同時極度淺眠。

就像許多新手父母一樣，我和我的丈夫吉安皮耶羅情緒起伏很大。這兩個小傢伙是我們的心肝寶貝，他們對我們意義重大，天天帶給我們不同的驚喜。對我們來說，他們各方面都很美好，但我們必須在他們身上耗費驚人的時間與精力。我們連續十九個月睡眠不足；他們一個晚上醒來三、四次，而且沒有減少的跡象。我們已經筋疲力竭。

我想著接下來的日子，還是不知道該怎麼解決這個難題。我們都充滿雄心壯志，也對彼此的才能很有信心，但學術界是一個要求嚴格、高壓，「做不好就得滾蛋」的體系。這是件苦差事。如果吉安皮耶羅沒有持續在教學和論文寫作上有傑出的表現，他就會失去在商學院的工作。同樣的道理，若是我沒有發表並出版創新的研究成果，我也將永遠找不到工作。儘管我們非常努力，我們都不想犧牲太多和孩子以及和彼此相處的時間。是時候做出一些改變了。

我的朋友和父母親（他們本身都是雙薪夫妻）都鼓勵我休息一下。一開始，我很抗拒。因為我知道，如果暫停幾個月，我可能就無法待在學術界。我想要為自己的夢想努力。我找遍相關書籍、尋求建議，希望找到解決的方法。但我只找到關於如何分攤家務的通用祕訣，以及某些夫妻的故事，他們最後都找到完美的平衡點。即便吉安皮耶羅做了很多採買、烹飪和打掃的工作，我們還是無法取得平衡。三月那一天的凌晨三點，我覺得自己已經受夠了。我一直等到早餐時刻才表明我的想法。（此時，我們會喝香濃的黑咖啡和溫牛奶。）我原本的預期是「他雖然半推半就，但心裡其實鬆了一口氣」。結果，他的反應截然不同。

「你只是因為睡眠不足才這麼說，」吉安皮耶羅這樣回答我，「我絕不會讓你現在就放棄夢想。」他告訴我，我將犯下大錯，這個錯誤會令我後悔莫及，而他不會就這麼袖手旁觀。那時的我聽得目瞪口呆。他提醒我，他是第一個知道我想讀博士的人，以及這件事對我有多大的意義。他還說，自從我開始讀博士之後，這不是我第一次，也不會是最後一次感到遲疑。原來他都注意到了，這使我覺得很懊惱。我原本以為，我會獲得一些安慰和同情，結果卻換來他的鞭策。但他說得沒錯。若是他沒有督促我加倍努力、撐過那段痛苦的時期，我也不會有今日的成果。我甚至可能連工作都沒有。

吉安皮耶羅熱愛挑戰的個性救了我，或者更精確地說，感染了我。在扮演妻子、母親，以及專業人士時，他都持續影響著我。而我也反過來影響了他。儘管回顧過去很不好受，他所面臨的挑戰其實並不陌生。幾年前，某天吃早餐時，我也對他做了一模一樣的事。那時，我們正造訪他的家鄉西西里（Sicily）；即便我們仍處於熱戀期，也無法平息他對職涯發展的焦慮。他當時是一位自由（freelance）顧問與講師，想要謀求專任教職。他找了兩年，依然沒有結果，每次應徵失敗，都讓他感到很受傷。

那天早上，當我們正在享用當地特色早餐——杏仁口味的義式冰沙（granita）時，他告訴我，他刪除了一封電子郵件，那是一所歐洲商學院的系主任寄來的。（他很想在這間學校工作。）他們已經請他去面試了兩次，但每次都沒有收到錄取通知。這次她在信裡說，他們有一個講師的空缺，但這只是一個臨時職缺。他說，他受夠了打零工，也受夠了被拒絕，無法再承受這種打擊。

我跟他說「你沒有接受這份工作，真是荒唐。一旦你替他們做事，他們就不能沒有你了」，因為我確知這一點。

「你在談戀愛」，他回答，「他們在經營事業。」

當時，我還不知道我會寫一本書，書中談到雙薪夫妻之間的界線有多模糊。

我只是忍不住回答：「這兩者我都有。」然後，我拿出他的筆記型電腦，到他的信箱垃圾桶找出那封信，簡短地回覆了一句話給他未來的上司（她之後也是我的上司）——「我什麼時候開始上班？」結果，他已經在那裡工作了十三年。

當我在為這本書做最後潤飾時，我意識到，現在一切都很美好。我也明白，就像二〇一〇年三月（我打算離職）或二〇〇四年十二月（我和皮耶羅決定一起住）一樣，生命中的每件事，都代表著不同的人生階段。我們已經一起經歷生命裡的許多挑戰，將來也一定會如此。有時我們成功度過某些挑戰，有時則不是那麼順利。每當我們遇到難題時，我都會試圖尋求有用的建議，但通常都一無所獲。不只是我們，我們的很多朋友、同事和學生都設法克服雙薪家庭的挑戰，但有時並不順利。除了自身經歷，我也看到許多人有類似的經驗，我時常想著：「應該有方法可以解決這樣的問題，幫助更多夫妻成就彼此。」

發現共通模式

在研究過程中，我訪問了超過一百對夫妻。雖然每對夫妻的故事都有其獨特之處，他們都經歷過類似的高低潮；他們都曾經在同樣的人生階段，面臨類似的挑戰。當我開始理解這些共通模式對夫妻有何影響；當我察覺到，這些動盪期和夫妻雙方的職涯階段，以及他們的關係長短有著密切關係時，我就開始從生命週期（life cycle）的角度，來思考夫妻會遇到的問題。

儘管心理學家劃分了成年人的生命週期，卻沒有針對夫妻做這件事，這令我十分訝異。也沒有任何人指出，這些人生階段和職業生涯有什麼關係，以及人們在每一個階段的改變，會對他們的伴侶造成什麼影響。

很早以前，人們就有「人生旅程」這樣的概念——我們會在古老的經文、莎士比亞的劇本，以及其他偉大作家的作品裡看到它。近年來，心理學家艾利克・艾瑞克森（Erik Erikson）[*3]和丹尼爾・李文森（Daniel Levison）讓我們對成年人的人生階段，特別是各階段間發生的轉變，有深刻的認識。艾瑞克森認為，在轉變期間，我們必須解決該階段的發展問題（developmental issue）。[9]李文森把這些問題稱作「發展危機」（crisis of development），它們是必要且有幫助的。[10]正因為面臨這些發展危機，我們才能發揮成長潛力，沒有了它們，我們將停滯不前。

我越深入研究，越清楚發現艾瑞克森與李文森所謂的「個人發展過渡期」（individual developmental transition）和我研究的那些夫妻之間，有許多相似之處。

此外，我也了解到其中的關鍵差異——夫妻必須一起克服這些轉變和挑戰，才能使工作、生活，以及親密關係的下一個階段更為圓滿。

三次轉變

我發現，雙薪夫妻從開始交往到退休，會經歷三次轉變。每一次轉變都使他們面臨新的問題，帶來不同的憂慮，以及嶄新的相處模式。同時，夫妻也必須面對某些心理與社會力量（這些力量形塑了他們之間的關係），並重新檢視前幾次轉變期間所形成的共識。

第一次轉變讓原本各自獨立工作與生活的兩個人，開始必須相互依賴。這次轉變的任務是，當夫妻一起面臨第一件人生大事時（通常是獲得重要的工作機會或孩

---

*3 艾利克・艾瑞克森，著名德裔美籍發展心理學家與精神分析學者。他提出心理社會發展理論，將人一生的心理發展劃分為八個階段（嬰兒期、幼兒期、學齡前兒童期、學齡兒童期、青少年期、成年早期、成年中期，以及成年晚期），並主張每個階段都有不同的發展任務或危機。心理發展歷程是持續累積的，前一個階段如何解決困難都會影響到下一個階段的發展。

子出生），謹慎地因應。**想成功度過第一次轉變，夫妻必須商討，如何排定彼此的工作順位、分擔家庭責任，使兩人活得更加圓滿**。如此一來，他們就能規劃出一條路，並朝同一個方向邁進，直到第二次轉變到來。

第二次轉變的任務是「相互個體化」（reciprocal individuation）。不要因為看到這個詞而感到卻步。這意味著夫妻不再迎合他人的要求與期待，他們必須思考他們真正想從工作、生活與親密關係中獲得什麼。這次轉變通常是源自於「存在問題」帶來的煩悶與焦慮——對人生方向與目標產生懷疑。夫妻必須找出自己獨特的興趣和渴望，並重新商議他們在彼此生命中所扮演的角色。此外，他們也得重新檢視第一次轉變期間，他們針對工作順位與家務分工達成的共識。如果能順利完成這些事，他們眼前的那一條路將變得更為寬廣，直到第三次轉變到來。

第三次轉變的任務是，以過去的成就為基礎，進行自我改造，同時為未來開拓更多可能性。這次轉變是源自於角色轉換——成為經驗最豐富的員工、孩子離開家的「空巢老人」（empty－nester），以及被當作老年人看待；這樣的角色轉換導致自我認同喪失，進而產生空虛感。這種空虛感伴隨著失落感，但同時也帶來新的機會。夫妻可以選擇深陷其中、隨波逐流，或藉此進行探索與自我改造。要做到後者，他們必須先處理前兩次轉變期間未完成的所有發展任務，接著再根據他們的新目標與優先事項，思考自己可能會變成怎樣的人。如此一來，他們就能共同朝新目標邁進。

這三次轉變都互有關聯。第一次轉變期間，夫妻雖然在面臨人生大事時謹慎因應，卻沒有明確商議他們在彼此生命中所扮演的角色。隨著時間過去，這些角色變成了一種束縛，導致懷疑與焦慮，進而引發第二次轉變。因此，第二次轉變有一部分是在處理第一次轉變所產生的「副作用」。同樣的道理，若是夫妻不處理前兩次轉變留下的遺憾，以及發展不對等（developmental asymmetry）的問題，就無法完成第三次轉變。

有些人會和同一位伴侶一起經歷三次轉變，其他人則會和不同的伴侶一起經歷不同的轉變。即便有這樣的差異，這三次轉變都遵循類似的模式，我將在本書裡詳細探討這一點。

*4 「個體化」又譯為「自性化」或「個體轉化」，其概念是由心理學家榮格所提出，意指個人追求獨特自我特質、逐漸發揮潛能的過程。經過這段過程，一個人不僅活得更像自己，也更加獨立自主。

轉變的模式

每一次轉變都有一個起因（或契機），使夫妻雙方無法再沿著前一個階段所共同規劃的道路繼續走下去。在第一次轉變前，他們各自走自己的路；第一次轉變期間，他們規劃出一條路，並朝同一個方向邁進，直到第二次轉變到來。第二次轉變期間，他們又建構出一條更寬廣的共同道路，直到第三次轉變到來。

第一次轉變的起因來自於工作或個人生活中的大事，例如搬到其他地方居住、被升職或解雇、孩子剛出生、必須照顧年邁的父母親，或是家人的健康問題等。第二次轉變則源自我們的內心世界，它們以「存在問題」的形式呈現，使我們懷疑，自己過的究竟是誰的人生。第三次轉變則來自於角色轉換，這樣的角色轉換導致自我認同喪失，進而產生空虛感；這時我們會思考，該如何運用剩下的時間與精力。

儘管這些起因都很重要，但它們卻無法賦予每一次轉變明確的定義。它們只揭示該次轉變最關鍵的問題。回答這個問題，是夫妻每次經歷轉變時的重要任務。我透過研究發現，在轉變期間，多數夫妻都將面臨這三個問題：

- 第一次轉變：我們該怎麼解決這個難題？

- 第二次轉變：我們真正想要的是什麼？
- 第三次轉變：現在我們是怎樣的人？

這些關鍵問題直指核心──夫妻怎麼度過他們的人生，以及他們如何建構出一條路，讓他們能成就彼此。當夫妻在轉變期間面臨這些關鍵問題時，他們心煩意亂且充滿懷疑。雖然這種不穩定的狀態令人不安，卻是很有幫助的；它能促使夫妻重新檢視並修正他們眼前的那一條路。

所有轉變都會經歷一段掙扎期，此時夫妻正處於新舊階段的交界。他們意識到，先前走的路已經行不通了，但還不清楚怎麼重新規劃。每一次轉變都有一連串的困境與獨有的難題，讓他們裹足不前。有些夫妻無法脫離這些困境，他們的共同旅程因此劃下句點。其他夫妻則找出修正的方法，得以繼續前進。

每當他們努力修正之後，就會進入一段更加穩定的時期。身處穩定期時，轉變期間那些強大的心理與社會力量變得緩和，夫妻可以較為放鬆，享有喘息的空間。他們留下許多美好的回憶──和家人共度快樂時光、夫妻間來點小浪漫、在工作上獲得成長，以及和朋友從事各種活動。又或者，他們只是過著熟悉的生活，平靜而美好。最後，他們又會面臨新的刺激，引發下一次轉變，邁向下一個循環。

人生是一連串的轉變

即便我的研究顯示，這些轉變都是可以事先預測的，它們通常還是令很多夫妻感到意外。大衛（David）和梅麗莎（Melissa）就是如此。

他們剛從亞特蘭大的埃默里大學（Emory University），開了五個小時的車回到佛羅里達州的住處；他們送最小的孩子到這所大學讀書。他們嘆了一口氣，然後像平常一樣坐在廚房的椅子上，倒了兩杯他們最喜歡的酒，回顧起這一路以來的旅程。

三十年前，他們從大學畢業。主修商科的大衛在一家大型會計師事務所工作，前景可期；主修心理學的梅麗莎則是剛踏進公關領域。他們結婚後，在波士頓買了一間房子（住在他們的父母親附近），開始計畫建立屬於自己的家庭。

兩個活潑好動的女兒相繼出生（中間只相隔了一年半），他們的生活突然變得繁瑣起來。他們赫然發現，自己迎來了第一次轉變；雖然晚上嚴重睡眠不足，卻必須努力駕馭日益有趣且艱難的工作任務。正當他們開始找到生活的節奏時，大衛獲得了升遷的機會——到佛羅里達州帶領一個團隊。

一直以來，兩人的工作都同等重要，但如果他們搬到佛羅里達，一定會以大衛的工作為優先。現在即便有父母親就近提供協助，也很難兼顧工作與家庭；若是搬到一千一百英哩外的地方，他們要怎麼應付？梅麗莎的工作又會變得如何？

在煩惱了幾週之後，最後他們決定搬到南方居住。大衛的公司幫梅麗莎找了一份新工作，而且因為他的薪水增加，足以支付托育費用。他們年幼的孩子逐漸長大。那是一段美好的歲月——週末在佛羅里達的海灘玩耍、和家人一起度假、事業蒸蒸日上……直到十二年後，他們再度面臨困境。

四十歲出頭時，他們面臨了第二次轉變。大衛對在私人企業工作感到失望，他開始懷疑，會計這一行是否仍適合自己。梅麗莎則想自行創業，成立一家自己的公關顧問公司。但他們有足夠的本錢探索新的可能性嗎？家裡有兩個青少年要養（她們即將上大學），還有房貸得繳，這賭注實在太大了。

這個階段的不確定性，對他們之間的關係造成很大的傷害。大衛和梅麗莎都覺得，對方不理解自己渴望改變，他們對工作的不滿情緒也同時波及他們的婚姻。細微的意見分歧逐漸演變成強烈的不滿，他們的腦海不只閃過一次離婚的念頭。但六年後，他們似乎重回正軌。他們都支持彼此改變。大衛到一家較小的會計師事務所擔任管理職，他在那裡享有更多的自主權。梅麗莎決定自立門戶，在費了一番功夫吸引客戶之後，現在逐漸取得成果。他們的女兒對大學生活充滿熱情與喜悅。大衛和梅麗莎認為，他們找到兼顧兩份工作的方法，為孩子樹立了很好的榜樣。

那他們為什麼突然感到如此不安？他們沉默了一會兒，品嘗著手中的美酒，空蕩蕩的屋子裡一片寂靜，讓他們很不習慣。顯然在過去十年裡，他們鮮少和對方單獨相處。兩人之間有點尷尬，宛如失聯已久的朋友重新聚首，思考著彼此究竟變了多少。最後，大衛打破了沉默。他轉過身來，並向梅麗莎坦言：「親愛的，我不再知道我們是誰了。」

一起經歷過許多事後，他們突然驚覺，自己迎來了第三次轉變。

*

在研究過程中，我訪問過很多夫妻，他們都對自己必須經歷一連串轉變感到驚訝。梅麗莎和大衛成功度過了前兩次轉變，沒想到如今又迎來第三次轉變，實在很難預料最後結果會如何。儘管這些轉變很辛苦，若處理得當，它們將為兩人的關係帶來新氣象。每一次轉變都有各自的發展任務，它們為雙薪夫妻的人生賦予意義，並且注入新的活力，協助他們成就彼此的愛情與事業。

如何使用這本書

接下來，這本書將分成三個部分，分別針對每一次轉變進行闡述。每個部分都各有三章——第一章說明轉變的起因或契機，以及代表該次轉變的關鍵問題；第二章探討該次轉變的掙扎期，以及夫妻會面臨的困境；第三章則說明，夫妻該怎麼解決這個關鍵問題，同時修正他們眼前的那一條路。在每個部分的最後，你都將看到關於該次轉變流程的重點整理，你可以用來查閱各章提過的工具與練習。

在每一章的開頭，我都會先講述幾對夫妻的真實故事，這些故事各自闡明了那一章的主旨。在整本書裡，我將分享超過三十對夫妻的故事。你不需要記住這些故事中的所有人物或情節。每個故事都各自獨立，它們使這本書的論述與建議讀起來更豐富、精彩、生動。每一章的最後，我都提供實用的概念與練習，它們可以幫助你和另一半順利度過轉變。

無論是處於哪一個階段的雙薪夫妻——剛開始工作的新婚夫妻，即將退休或身處第二、第三段婚姻的夫妻，都可以讀讀這本書。有些人可能會從頭讀到尾，有些人則會仔細閱讀和自身現況有關的章節。如果你想採取第二種方法，我還是會鼓勵你好好地閱讀其他部分。回顧過去幫助你理解自己的現況，展望未來則讓你對將來做好心理準備。

我的研究

我總共蒐集了一百一十三對夫妻的故事。（在附錄中，我會完整說明我的研究方法。）這些夫妻形形色色，有成功的高階主管、正努力建構職業生涯的中階技術人員、辛苦建立新公司的創業家，以及自由工作者。他們的年紀從二十歲出頭到六十幾歲都有。有些夫妻身處第一段婚姻，還有些夫妻正處於第二段，甚至是第三段婚姻，家庭狀況較為複雜。他們來自四大洲、三十二個國家。其中許多夫妻都有孩子；他們有些是異性戀夫妻，有些則是同性戀夫妻。這些人的種族、宗教、國籍十分多元。他們都有大學學歷，有些人還有碩士學位。他們之間的共同點在於，夫妻雙方都有工作。

在我訪問的所有夫妻當中，他們擁有的都不只是一份工作（job），而是一份職業（career）。很多研究都對所謂的「職業」下了這樣的定義——接連從事專業或管理工作，這些工作都必須投入較多心力，而且能持續得到某種程度的發展。某些擁有職業的人希望有天能爬到公司高層，但並非所有人都是如此。他們之間的共同點在於，工作在他們生命裡扮演重要的角色，他們都為工作盡心付出，並且在工作中成長——他們往上晉升、精進專業知識與技術，或者持續學習。

有人會問我，為什麼我的研究重點是那些擁有自己職業的夫妻，而不是所有擁有工作的夫妻。其原因是，對具備職業導向（career orientation）的人而言，工作形塑了他們的自我認同。他們在工作上投入的心力，和他們在親密關係中的付出同等重要。本書著重的正是這兩者的結合。它可能會導致關係緊張、衝突和自我犧牲，但也能帶來共同成長、自我實現，同時讓夫妻關係和睦。我的研究說明了，什麼樣的做法會造成這些不同的結果。

我把焦點放在擁有自己職業的夫妻上，意味著他們多數是中產階級。即便這些研究樣本無法反映社會整體，他們還是很重要的一群人。因為無論如何，中產階級往往為其他階層的人設立了關於工作與親密關係的規範。[11] 比起其他階層，他們享有更多選擇的權利，也有更多機會可以改善他們的生活。然而，這樣的權利經常伴隨著不安與混亂。[12] 因為這種機會與混亂並存的狀況，使我這位研究人員注意到夫妻們面臨的挑戰，以及這些挑戰背後隱藏的心理因素與社會力量。

幾乎所有我訪問的人都要求匿名。為了表示尊重，我更改了每個人的名字、居住地，以及其他可能會讓他們被認出來的資訊，像是孩子的性別和名字等。因為職業和他們的故事密切相關，多半未經改動，但我並沒有透露他們任職的公司。不過，這些故事裡的所有事件——每一對夫妻做出的決定、採取的行動；那些發生在他們身上，令人興奮、沮喪，甚至是瘋狂的事，都跟他們告訴我的一樣。

儘管本書是以嚴謹的質性研究（qualitative research）與分析為基礎，我也不會說，我將這些夫妻的經驗與困境系統化的方法都很客觀，或百分之百正確。就像所有的社會科學家一樣，我的研究試圖記錄人們的主觀經驗，使它們更容易理解，能引起共鳴且不失人情味。我寫這本書的目的，也希望強調這些夫妻之間的共同點，並提供一個可以幫助所有人的方法。

規劃你們自己的道路

我的研究顯示，即便那些成功度過轉變的夫妻做出截然不同的選擇，他們都抱持同樣的心態。因此，**本書關注的重點在於，夫妻如何順利度過轉變，而不在於他們應該做什麼決定，或採行什麼樣的生活結構**（life structure）。這將協助你謹慎地做出重大決定、明白它們可能會帶來什麼影響，同時維繫一段穩固的關係。

即便用我提供的方法來因應這三次轉變，並不會讓雙薪家庭面臨的挑戰消失，卻能夠使你在工作、家庭生活與親密關係中持續成長，並且活得更加圓滿。

如果你和你的伴侶想要享受富有意義的工作，並經營深厚而長久的關係，這本書是寫給你們的。這個世界上沒有所謂「完美」的雙薪夫妻，因為人生太複雜且不可預測。然而，事先了解自己將面臨的挑戰與轉變，以及其他夫妻都覺得有效的溝通協商、解決問題與相互支持的方法，不僅有助於你們度過轉變，也能讓一切變得更圓滿。

第一次轉變

我們該怎麼解決這個難題？

2

當蜜月期結束時

讓我們回到雪柔和馬克的故事。

你可能還記得，我在第1章提過，就在小安娜貝爾出生後的二十四小時，馬克辭去了他在私人企業的工作，並加入朋友創立的新創公司。五年前，馬克和雪柔在芝加哥相識。他們的共同朋友幫他們安排了第一次約會——在寒冷的十二月一起溜冰。當時，雪柔在一家銀行上班，馬克則在一家軟體公司工作。

那些年，他們很少談論自己的職涯規劃，而且花很多時間和朋友相處。（他們都在城裡讀大學，交遊廣闊。）就像許多熱戀中的情侶一樣，他們幸運地在三十歲出頭就各自擁有一份好工作；他們努力工作、盡情玩耍。兩人在婚後也是如此。婚禮結束後，他們買了一間小公寓，生活依舊忙碌。他們覺得自己擁有了一切。

當安娜貝爾出生時，馬克已經在這家軟體公司工作了十年，渴望有所改變。他是一位技術純熟的程式設計師，對網路定位技術有強烈的興趣，很想在新創公司工作。但他一直沒有找到合適的機會。看到朋友們放手一搏，令他好生羨慕，沮喪地思考著屬於自己的機會何時才會到來。

雖然雪柔明白馬克的夢想，她更關心他們夫妻倆可以一起做的事，那就是生養孩子。經過半年的嘗試，她懷孕了，他們因此開心不已。時光匆匆飛逝，九個月一下子就過去了。他們只能在安娜貝爾出生之前，換一間大一點的公寓。他們都沒有想到，馬克會在孩子出生後的隔天，受邀加入這家新創公司。對馬克而言，這是一個理所當然的決定，但對雪柔來說，她卻覺得自己被這個決定困住了。他們都沒有預料到，這個決定將造成多大的影響。

當我訪問他們時，已經是七年後的事了。雪柔和馬克都同意，那時他們迎來了人生中的重大改變——開始真正的夫妻生活。幾天內，他們就從享受工作、對各種活動感到興奮的人，變成極度焦慮的新手父母，努力為工作與親密關係賦予意義。

生產後五週，雪柔就回公司上班了。然而，她現在感受到的不再是應付各種挑戰、和客戶一起工作的樂趣，而是為了支持丈夫的夢想，她必須和她的孩子分開，因此心生不滿。與此同時，為了使這家新創公司獲得成功，馬克投入大量的時間在工作上，並因為忽略他的妻子和女兒而深感內疚。原本的小爭執逐漸變成嚴重衝突。當安娜貝爾九個月大時，雪柔和馬克正在接受諮商，試圖拯救他們的婚姻。

雖然雪柔和馬克的故事有其獨特之處，它仍舊依照固定的模式發展。原本兩人的工作、愛情與生活似乎都很美好，接著其中一個部分發生了某件事，對其他部分產生（負面）影響，他們的人生從此急轉直下。

儘管在我訪問的夫妻當中，很多人都察覺到這樣的模式，同時也看到其他人陷入這種困境，但在他們最初愛上對方時，很少人想到這一點。

蜜月期

墜入愛河並開始一段新關係，是很美好的。無論你正在回顧或身處親密關係的早期階段，你都知道那種陶醉的感覺——浪漫悠閒地散步、在電話裡情話綿綿，發現對方就是那個對的人。在親密關係的早期階段，雙方都投入大量的時間與心力，傾注愛與關懷。就像雪柔和馬克一樣，許多處於蜜月期的伴侶都進展得很順利。

即便在人生任何階段都可能談戀愛（無論是十八歲或八十八歲，墜入情網時的情感體驗都是一樣的），二十歲中期至三十歲中期，談戀愛的人數還是最多的。[1]在本章，以及第3和第4章裡，我會把焦點放在這個階段，因為這個階段正好是最多雙薪夫妻面臨第一次轉變的時候。話雖如此，不管你在幾歲時面臨轉變，都會經歷相同的轉變流程。無論這是第一段認真的感情，或是另一段新關係，所有熱戀中的情侶終究都會面臨這次轉變。

在我的研究樣本當中，那些在二十、三十幾歲時開始交往的夫妻，此時都在工作與親密關係上投入大量的心力。很多人都會利用二十出頭時，嘗試不同的職業，當這段時間即將結束時，他們通常都會開始專注於某一個方向，試圖發揮潛能，為職業生涯奠定基礎。他們渴望成功，長時間工作、承接額外任務，享受著自己的進步。

二十幾歲時能為工作奉獻大量心力的人，我將他們稱作「不受拘束的人才」。他們身上沒有房貸、孩子，或年邁親人這樣的責任或束縛，來奪取他們的時間或把他們綁在某個地方。為了充分利用這些年輕人想確立職業生涯的渴望，多數公司和主管都不斷地給他們機會證明自己。因為此時的他們不受拘束，我發現，他們通常會選擇接受這一切。

當這些人才第一次和他人成為伴侶時，他們的職涯通常仍各自獨立發展（至少還會持續一段時間），兩人之間較少產生摩擦。他們依然處於熱戀期，也能理解彼此，要體諒並支持對方較為容易。若是其中一人必須持續加班一個月，另一個人可以利用閒暇時間，和朋友、家人相處，或培養自己的嗜好。即便其中一人必須承接在其他城市或國家執行的短期專案，他們也可能會把它當作一次旅行的機會，而不是對家庭生活的危害。

甜蜜的愛情與前程似錦的職業生涯，讓兩人的蜜月期充滿了樂趣與各種可能性。他們沒有什麼束縛、包容力很強，而且願意忽視眼前的挑戰，這使他們能夠做自己想做的事；他們通常都做得很多。除了忙碌的工作與圓滿的愛情生活以外，我發現，他們仍舊保有二十出頭時的愛好，像是從事運動、參與社交活動、擔任志工，或是其他嗜好。因為年輕，在週末旅行或參與社交活動使他們活力充沛，而不會感到疲憊。對這些夫妻而言，周遭充滿各種機會，他們覺得自己可以將它們全部掌握。

當我問四十幾歲的雙薪夫妻，他們能否擁有一切時，多數人都對我翻了白眼。但當我詢問二十八、九歲的雙薪夫妻時，他們通常會說，他們聽過這樣的論點、讀過這樣的文章，甚至在理智上接受，多數夫妻都無法擁有一切。然而，他們會補上這句話：「但我們和其他人不一樣，對吧？我們很幸運，我們擁有彼此，而且我們很努力工作。或許多數夫妻無法擁有一切，但我們可以。」因為事業前景可期、愛情甜蜜，帶給他們不切實際的幻覺。

擁有一切

當我第一次見到馬爾科姆（Malcolm）和海倫（Helen）時，他們已經交往了一年半。馬爾科姆在地方機場的營運部工作，海倫則在一家化學加工廠擔任工程師。馬爾科姆的工作時數固定，但和一般人不同，因為他經常要在凌晨出勤。海倫有時晚上會加班或在週末出勤。但因為沒有其他需要費心的事，當兩人都不上班時，他們就會和對方在一起，感情十分甜蜜。他們各自有一個大家族，家人都住在當地；他們很喜歡與家人和朋友相處。此外，他們也保有二十歲出頭時養成的嗜好。馬爾科姆在當地的曲棍球俱樂部中相當活躍，海倫則在為身障兒童設立的週末靜修中心擔任志工，奉獻自己的一份心力。

儘管他們都對事業發展感到焦慮——馬爾科姆覺得自己成長得不夠快，海倫則是擔心化工產業不太穩定，他們都對生活感到非常滿足。海倫跟我說：「我已經擁有我想要的一切。」馬爾科姆也談到他們的未來，其中包含了將在明年舉行的婚禮、建立屬於自己的家庭，以及兩人抱持的許多職涯目標。他表示：「我們都精力充沛，並且把生活安排得井然有序。我知道有些人掙扎得很辛苦，但從我們目前的生活來看，我真的不認為，我們會遇到什麼大問題。」當我第一次訪問海倫和馬爾科姆時，他們覺得自己擁有了一切，並認為長遠來看，這種狀態還會持續下去，兩人之間也不會有什麼衝突與難題。

即便我們很容易就覺得馬爾科姆和海倫太天真，在感情的蜜月期，很多年輕工作者都對未來抱持同樣的想法。身為人類，我們本來就會憑藉自身經驗進行推斷。[2]許多處於蜜月期的雙薪夫妻都覺得自己可以擁有一切，因為他們是根據現況來做推測。他們都明白，各自擁有獨立的工作有多幸運，同時也認為只要他們努力工作、相互扶持，就能擁有一切。在我訪問的夫妻當中，有很多人在親密關係的前幾年，都有這種感覺。為什麼這種狀態無法持續呢？

第一次轉變的契機

意外被解雇、搬到其他地方居住、被派駐海外、獲得重要的工作機會、孩子剛出生、罹患嚴重疾病，以及決定帶著前一段婚姻的孩子共組家庭，這些都是足以打亂生活的人生大事。這些事意味著兩人結束了蜜月期，並展開第一次轉變。在漫長的一生中，夫妻當然會一起經歷許多人生大事。然而，他們面臨的第一件大事具有特殊意義，因為要因應這件事，他們無法再保有各自獨立的生涯與職涯，必須將其合而為一。

在所有引發第一次轉變的契機裡，有兩種在那些二十、三十幾歲的夫妻身上很常見。雖然它們都令人感到開心，但兩人都必須在個人生活與職業生涯上做出重大調整。第一種是其中一人獲得重要的工作機會，這對他們而言，是一個艱難的選擇。第二種則是孩子剛出生。讓我們先從第一種契機說起，這正好是潔絲敏（Jasmine）和阿勒漢德羅（Alejandro）面臨的問題。他們是身處關係早期階段的夫妻典型，當我訪問他們時，已經是他們展開第一次轉變的五年後。我會在這裡先介紹他們的故事，然後在第3章繼續說明，他們決定要怎麼做，以及他們的選擇帶來什麼影響。

這對夫妻二十八、九歲時在多倫多相識；那時，阿勒漢德羅在一家汽車製造商的生管部門工作，潔絲敏則在一家再生能源公司擔任工程師。前三年，他們不僅感情十分甜蜜，事業也蒸蒸日上。接下來，正當他們在籌備婚禮時，潔絲敏意外獲得夢寐以求的升遷機會——加入負責規劃興建水力發電廠的團隊。這次升遷將讓潔絲敏接觸到最先進的技術，提供許多學習的機會，加速職涯發展，但壞處是，上班地點在溫哥華。

潔絲敏和阿勒漢德羅都知道，對他們來說，分隔超過兩千七百英哩是不可行的。但他們該怎麼做？阿勒漢德羅的公司在溫哥華沒有辦公室；他考慮辭職，並找尋在西岸的工作。潔絲敏則考慮放棄這次升遷。對他們而言，這兩種做法似乎都不是好選擇，但他們想不出第三種方法。阿勒漢德羅和潔絲敏已經習慣擁有一切，他們都不想對自己的職涯發展造成損害，但要他們分隔兩地是不可能的。在此之前，他們從未討論離開多倫多的可能性，也不曾想過，兩人的職涯是各自獨立發展的。突然間，他們發覺自己因為這個選擇陷入兩難，不知道該如何前進。

因為現今職涯變動日益頻繁，有越來越多夫妻都面臨與潔絲敏和阿勒漢德羅同樣的選擇。四十年前，對多數夫妻來說，職涯選擇簡單許多——以男性的工作為優先。

今日夫妻之間的地位更加平等，很少人會採取這種過時的決策標準。此外，職涯發展也充滿更多不確定性，讓夫妻更難預料，他們的選擇會帶來什麼長期影響——「萬一，我們跟隨伴侶，從國土的這一端搬到另一端，他們卻在一年後被解雇，該怎麼辦？」對雙薪夫妻而言，這樣的變數，將使原本重要的工作機會，變成令人頭痛的挑戰。

促使身處關係早期階段的夫妻，展開第一次轉變的第二種最常見的契機，是孩子的誕生。這當然是一件開心的事，但它會打亂夫妻原本的設想——他們的職涯各自獨立發展，並且擁有一切。讓我們來看看另一對夫妻——遙（Haru）和紗奈（Sana）；我會在這裡先介紹他們的故事，然後在第3章再次提及。

遙和紗奈滿心期待他們的第一個孩子出生。當愛璃（Airi）在東京某個寒冷的二月早晨來到這個世界時，她的父母親已經讀了很多育兒書籍，對即將到來的一切很有把握。儘管在日本，成為母親後繼續工作較不符合社會傳統，遙和紗奈是挑戰舊有規範的新世代。他們預約了公司附近的托兒所，而且遙的母親也住在附近，必要時可以提供協助。然而，就像很多新手父母一樣，遙和紗奈很快就發現，即便他們讀了所有的育兒書籍，他們也沒有預料到，愛璃的誕生將如何影響他們的生活，並改變他們的職涯。

在回到他們任職的大型電商公司上班前，遙請了兩天的陪產假，紗奈則是請了五個月的產假。他們都不希望自己的工作受到影響，但他們還是必須到托兒所接送愛璃，更不用說要克服晚上嚴重睡眠不足的問題。每天早上離開愛璃時，他們都感到內疚；兩人都想多陪陪成長中的孩子。此外，他們也因為「孩子跟媽媽最親」這樣的社會期待而備感壓力。他們思考著，紗奈是否該休個長假，或者改為兼職工作。雙方的父母親都隱約暗示，這麼做可能是最好的選擇。

雖然紗奈是一個十分盡責的母親，她看到許多「暫時」退出職場的朋友都沒有再回公司上班；她不想犧牲自己的工作。她開始對遙心生不滿。他們的職涯都處於同樣的階段，但大部分的家務和育兒工作都是她在做，他也未曾像她這樣滿懷內疚。極度疲累讓他們的關係更加惡化，那段無憂無慮的蜜月期已經離他們非常遙遠。過去他們覺得自己擁有一切，現在則思考著，該怎麼解決眼前這個難題。

*

除了極少數的情況之外，引發二十和三十多歲的夫妻第一次轉變的因素，通常也代表著他們的職業和生活正在起步。無論是相對單純的事件（例如：搬遷到其他城市居住或孩子出生），還是晚年才生活在一起的夫妻面臨更複雜的事件（例如：

帶著前一段婚姻的孩子共組家庭），引發他們轉變的情況都很類似。

我們該怎麼解決這個難題？

無論促使蜜月期結束的原因是什麼，它都顯露出第一次轉變的本質——不僅要適應那件大事所帶來的新人生，還得重新適應彼此。也就是說，原本各自獨立工作與生活的兩個人，開始變得相互依賴。當夫妻雙方的工作與生活相互依賴時，他們將因此擁有成功的事業與圓滿的愛情。這樣的改變引出了第一次轉變最關鍵的問題——「我們該怎麼解決這個難題」，或者換一個說法：「**我們要如何建構我們的人生，讓兩個人都事業成功、愛情圓滿？**」回答這個問題，是夫妻在第一次轉變期間所面臨的發展任務。

能成就彼此的夫妻，會一起針對這個關鍵問題，謹慎地找出答案。他們必須商討如何排定彼此的工作順位、分擔家庭責任。最後，他們規劃出一條路，並攜手朝同一個方向邁進。

夫妻在面對或試圖解決這些人生大事時，會經歷一些困境。在第3章裡，我將針對這些困境進行說明。此外，在轉變時的過渡期，多數夫妻都會陷入掙扎，我也會予以解釋。接著，第4章探討的是夫妻怎麼成功規劃出一條共同道路，妥善調和他們所面臨的特殊狀況，讓他們順利度過第一次轉變，迎向人生的下一個階段。在這段過程中，我們會看到馬克和雪柔、潔絲敏和阿勒漢德羅，以及紗奈和遙的故事。但在此之前，我想先介紹一套工具，它能幫助你們度過這一次和接下來的兩次轉變。

共同協商

我發現，**能成就彼此的夫妻會慎重地做出決定——他們彼此坦誠、相互溝通，而不是其中一方含蓄地給予暗示**。我們將會看到，在面臨轉變時，這種做決定的方式很重要，它不會留下問題，使你們日後嘗到苦果。因此，為了因應第一次轉變所面臨的人生重大事件，夫妻擁有足以共同協商的管道或工具，至關重要。

讓我從我初次遇見它開始說起。（過了一段時間之後，我才意識到，它是一套「工具」；很多身處相同狀況的夫妻都會運用到這套工具。）

我和吉安皮耶羅交往四週後，我搭上了前往西西里的班機。（西西里是他的家鄉。）那天是十二月二十七日——我們都覺得，要和其他家族成員一起度過聖誕節還太早。飛機降落時陽光普照，我坐在他紅色老偉士牌（Vespa）的後座，火速來到附近的一個漁村。（這故事可不是我編出來的。）當我們坐在岸邊的崖壁上看著那朵朵浪花時，吉安皮耶羅拿出一本記事本和兩枝筆，然後說：「我真的很想解決這個問題。」（我們都曾經有過幾段失敗的感情。）接著，他又補上一句：「那我們為什麼不謹慎面對呢？」

接下來的幾個小時，我們先是書寫，然後討論：我們想從這段關係、從彼此身上，以及從我們的人生中獲得什麼。我們也談論對未來的擔憂。這樣的討論十分深刻（當我跟人們說起這件事時，他們都會笑我），而且意外地浪漫。這段對話為我們的感情打下穩固的基礎，每隔一段時間，我們就會重新提起這個話題。時至今日，我們都還留著當初寫下溝通事項的那張紙。

在研究過程裡，我也持續回顧我們之間的對話，同時運用其他夫妻帶給我的啟發，發展出一套較為系統化的工具——共同協商（couple contracting）。它不是為了應付某些挑戰（我將陸續分享相關概念），而是協助你們在轉變期間謹慎以對。我之所以在這裡介紹它，是因為夫妻越早養成使用這套工具的習慣，越能順利度過轉變。事實上，這套工具對身處人生任何階段的夫妻都很有幫助。

共同協商包含深入溝通三個層面——價值觀、底限與恐懼。協商並找出彼此在這三個部分的共同點，讓夫妻設立明確的界線，並攜手朝同一個方向邁進。此外，透過這種方式，夫妻可以事先建構出一套雙方都認可的標準，這將有助於他們做出困難的決定。不過，雖然充分理解另一半的立場、找出彼此的共同點很重要，你們也無須針對每一件事取得共識。

．價值觀

什麼事令你開心並感到驕傲？什麼事讓你覺得滿足？什麼事使你的人生變得美好？這些問題可以幫助你明白，對你而言，什麼是最重要的事。人們用價值觀來判定，人生是否如他們所願。當我們的選擇與行動符合我們的價值觀時，我們會覺得滿足。反之，我們會不開心或備感壓力。若是能坦率地溝通，價值觀可以幫助你們決定，要以哪些事為優先。比方說，如果你和另一半都很重視家庭，你們都不該接受每週工時七十小時的工作。

當被問到兩人是否擁有相同的價值觀時，多數夫妻都會很快地回答「是」。就家庭、友情、為人正直等這類普世價值而言，通常是如此，但人們定義這些價值的方式，存在著驚人差異。以我訪問的某對夫妻為例，他們都宣稱，他們有相同的價值觀——努力工作、盡情玩耍、擁有美滿的家庭生活。然而，當我進一步追問，要他們說明這些字眼代表什麼意思時，丈夫認為美好的家庭生活意味著「穩定」，但妻子卻認為美好的家庭生活意味著「冒險」（她小時候常和家人一起去旅行）。他們的家庭關係緊張，這一點並不令人意外，但他們無法找出問題的根源，對他們來說，這是一個很難突破的困境。

・底限

設立明確的底限能降低不確定性，讓做決定變得更容易一些。將三種底限——地點、時間、居住地納入考量，是很有幫助的。許多工作變動性較高的人，都有自己喜歡的工作與居住地點。你或許會想在某個地方養兒育女，然後在即將退休時，待在另一個地方。你可能也有某些不喜歡的工作與居住地點。此外，工作也花費我們許多時間。人們都會經歷必須長時間工作的時期，像是負責具有時效性的專案，或為了即將到來的重要升遷做準備。但怎樣才算工時太長？最後，還有一點和時間有關，那就是實際居住地（physical presence）。你和你的伴侶可以接受，你們暫時在不同的城市工作並居住嗎？如果是短期借調或輪調呢？怎樣的出差頻率才算太高？你們要如何跟彼此見面？你們希望最少有多少時間能和彼此相處？

針對這些底限進行協商限縮了選擇，讓人覺得備受限制。但許多研究都顯示，選項較少時，較容易做出決定，也使我們對自己的選擇感到滿足。[3] 數十年的研究結果證實，**設立明確的底限，令人們感到安心，因此更能在嘗試中成長。**[4] 此外，**在一段關係裡，這些底限也可以減少失望與後悔的機會。**

我有很多 MBA 課程的學生都很幸運，他們面臨各式各樣的職涯選擇。對那些已經結婚的學生來說，若是夫妻倆對這些底限沒有建立共識，這麼多的選擇反而會使他們非常頭痛。幾年前，我的一位學生沮喪地跑來找我。他原本獲得了他「夢想中的工作」——到肯亞管理某家大型 NGO 位於非洲的辦公室。然而，當他的妻子說，他們不可能全家搬到肯亞時，他興奮的心情很快就變成了失望。我問他，如果他的妻子覺得這個選項不可行，為什麼還要去應徵。他回答，因為未來充滿不確定性，他們認為他先盡量應徵，看看他錄取哪些工作，再一起做決定，是最好的做法。他們沒有事先設立底限，無意中帶來衝突與失望。

▪ 恐懼

就像礦工曾經用金絲雀作為瓦斯外洩的警示一樣[*1]，明確地談論恐懼，能協助你們察覺，某件事是否正對你們的感情造成危害。同時，你也可以先採取行動，避免你的恐懼成真。或許你對自己的工作與親密關係有許多恐懼。你可能會擔心，另一半的家人干涉你們的感情、你們會隨著時間漸行漸遠；擔心另一半有外遇；擔心你必須為了另一半犧牲自己的工作；擔心你們無法生育。這些恐懼似乎多到數不清。但就像羅馬哲學家塞內卡（Seneca）[*2]所說：「我們的痛苦多半來自想像，而非現實。」

當夫妻容許彼此思考並談論心中的恐懼時，會導致三件事。首先，他們將更體諒並支持對方。如果你知道另一半擔心你的父母親干涉太多，你通常會更小心維護你們與他們之間的界線。第二，你會注意到某些警訊，提醒你，你心中的恐懼可能會成真。比方說，你擔心你們會隨著時間漸行漸遠，若你們每個月沒有至少花兩個晚上的時間約會，你或許就會提高警覺。最後，你

＊1 十七世紀時，英國人發現金絲雀對空氣品質十分敏感，因此開始在礦坑中放養金絲雀，用來偵測瓦斯等有毒氣體。當金絲雀出現焦躁不安、驚慌啼叫，甚至是氣絕身亡的狀況時，表示礦坑裡的空氣已經達到使人中毒的水平。因為金絲雀的叫聲宏亮，只要發現牠們有不對勁的情形，就能提醒礦工注意，並即早撤離。

＊2 古羅馬政治家、斯多葛派哲學家、悲劇作家、雄辯家，曾經擔任尼祿皇帝的導師及顧問，最後被尼祿逼迫，以切開血管的方式自殺。

可以設法減輕這些恐懼。如果你想進行風險較高的職涯轉變，但擔心財務因素會造成阻礙，你可能會為了預留準備金而縮減家庭開銷。

*

總而言之，協商並找出這三個部分（價值觀、底限與恐懼）的共同點，將幫助你們規劃出一條共同道路。價值觀定義方向，底限設立界線，恐懼則讓你們察覺潛在的危險，使你們走得平順一些。釐清這三個層面，將讓協商變得輕鬆許多，不論你們正經歷哪一次轉變，都更容易克服眼前的挑戰。

一想到要共同協商，有些人就感到很緊張——「如果我和另一半意見不合，該怎麼辦？」「若是引發爭執與衝突，該如何是好？」事實是，兩個人要一起做出困難的選擇，溝通過程一定不輕鬆。我的研究顯示，儘管這種溝通感覺有點不自然，謹慎進行溝通的夫妻都發現，這麼做有其必要，而且很有意義。

我最近收到一位女性寫來的電子郵件。（她看到我提出「共同協商」這個概念，並且以嶄新的方式來看待它。）她在信中說，半年前，她在南非度假時遇見一位男性，並愛上了他。在兩次跨洲旅行，以及數千個小時的 Skype 通話之後，他們的感情迅速發展。但關於未來的話題令他們感到卻步，他們總是刻意避開不談，直到她提議，兩人才試著共同協商。他們安排了一次 Skype 約會，據她形容，那是「我人生中最有意義的三個小時」。這是他們第一次討論，如何將彼此的人生道路合而為一，攜手朝同一個方向邁進。他們都同意，他將找尋在倫敦的工作，但長遠來看，他們都想要在南非共度人生。他們談論孩子的重要性、他們對跨國婚姻的恐懼，並決定未來要永遠住在一起。

這兩個人相隔超過八千英哩，而且當他們開始共同協商時，他們才交往了半年。有人也許會說，他們因此成為一對伴侶。或許可以說，**真正的夫妻生活都是從分享彼此的價值觀、底限與恐懼時才開始**；如果他們持續這麼做，他們會發現，自己的人生變得更美好。對所有夫妻而言，最好現在就開始進行這種溝通。你們的談話可能是透過 Skype，或是當你們一起窩在沙發上、在鄉間漫步，抑或是在西西里的一個漁村裡進行。這些對話在哪裡發生並不重要。讓它們變成你們生命中不可缺少的一部分，你們將因此得到好處。期待兩人的價值觀、底限與恐懼永遠不會改變，是不切實際的。所以，每年或每次面臨重大轉變時都重新檢視它們，才是明智的做法。

怎麼談

共同協商是針對談話內容的引導，至於怎麼談，又是另一個問題。當一切進展順利，談論的話題也不具爭議性時，多數夫妻都覺得跟對方談話很容易。但當兩人的關係緊張，談論的又是激烈爭論的話題時，溝通將是一個棘手的問題。幸好有很多研究都指出，什麼因素會導致夫妻溝通無效。首先，讓我們來看看你們應該避免的有害模式。

許多做法都會破壞夫妻的溝通與他們之間的親密關係。心理學家約翰・高特曼（John Gottman）[*3]就指出四種特別有害的行為模式，由於它們能夠摧毀婚姻，他將它們稱作「末日四騎士」（the four horsemen of apocalypse）。[5]

- **輕蔑（contempt）**是破壞力最強的，因為這代表，你不尊重你的另一半，認為自己較為優越。帶有輕蔑意味的行為包含了模仿、嘲弄、諷刺、翻白眼和冷笑。當我們不在乎對方的感受、缺乏同理心時，就會表現出輕蔑的態度。
- **批評（criticism）**通常都從小事開始。人們經常因為一些雞毛蒜皮的事，指責伴侶的行為或外表。但很快地，這種情況越演越烈，令你的另一半心生不滿、感到備受控制。這樣的行為不僅貶低對方，也意味著對方應該要聽自己的。面對批評，我們的伴侶通常都百般抗拒，控制與抗拒的惡性循環，抹殺了彼此合作的可能性。

- **防衛**（defensiveness）人們往往會不自覺地啟動自我防衛機制；當另一半表現出輕蔑或批評的態度時，每個人都會產生這種反應。我們多數人都沒有意識到這一點；我們總認為，當伴侶做了什麼傷害我們的事時，他們都是故意的，但當我們做出同樣的事時，卻覺得自己是無心的。這種雙重標準意味著，當我們為自己辯護時，我們的伴侶也會有相同的反應。這逐漸演變成一種惡性循環，破壞了彼此之間的親密關係。
- **漠視**（stonewalling）是指完全不願意討論或考慮另一半的看法。表示漠視的回應方式包含「不要管我……」「不要再說了……」「你想怎樣就怎樣……」。有時候，人們會用漠視來回應對方的輕蔑與批評。其他時候，他們藉此迴避困難的溝通。無論如何，這樣的做法都孤立了你的伴侶。

*3 約翰・高特曼，美國著名的心理學研究員、臨床醫生、演說家及作家，因為長年致力於婚姻穩定與關係分析而聞名，有「婚姻教父」之稱。

或許你有注意到這些行為模式；或許你在感到惱火時，就會變得非常愛批評。或許在談到某些話題時，你的另一半就會漠視你的想法。當然，有時你們雙方都處於自我防衛的狀態。要如何減少這些有害的互動模式呢？答案很簡單，卻很難做到，那就是體諒。在所有改善溝通品質的方法當中，體諒最為重要，在伴侶關係裡，它可以帶來滿足感。[6]

體貼與關懷

你可以用兩種方式表達體貼。第一種是透過細微的舉動來展現寬容與體諒。當你叫孩子起床時，讓另一半多睡一會兒、幫他煮杯咖啡；在他辛苦工作一天之後，幫他按摩肩膀；關注他的愛好，或者買個小禮物，給他意外的驚喜。剛在一起時，我們很多人都常做這樣的事，但隨著時間過去，我們日漸忙碌，開始把對方視作理所當然、不再那麼寬容，至少看起來是如此。

第二種表達體貼的方式，是對你的伴侶寬容一些。當你的另一半忘記在下班回家的路上，順便買牛奶和麵包回來時，你會怎麼做？我們很容易就進入責備模式，將這件事歸咎於他們的懶惰或疏忽，並且批評他們。我們較難意識到，他們會這樣，是因為當時正在思考一個煩人的工作問題。

當夫妻之間充滿了體貼時，兩個人都覺得，對方是最在乎自己的人。相信對方懷抱善意，意味著當對方讓你感到失望時，你比較能夠將其歸因於外部因素——工作壓力、交通壅塞等，而不去責備他。同樣的道理，當另一半做了某件令你感激的事時，你也會因此認為，他是個善良的人。[7]這兩種想法，都將使你們的感情更為圓滿。

表達體貼最棒的一點也許在於，它是具有感染力的。如果你體諒你的另一半，他通常也會用同樣的方式回應你。[8]就像自我防衛會變成一種惡性循環，在一段關係裡，體貼也會變成一種良性循環。這麼做將產生很大的影響，因為它為有效溝通奠定了基礎。若是你認定你的伴侶懷抱著善意，你就不會自我防衛。同樣的道理，如果你們都體諒彼此，就不會輕蔑或批評對方。

每一對夫妻有時都會用消極的方式溝通。我們沒有人是完美的。心理學家認為，重點不在於我們是否消極溝通，而在於消極與積極溝通的比率。一項經典研究發現，當積極與消極溝通的比率是五比一（或更高）時，將使夫妻往好的方向發展。[9]這不是一個精確的數據，所以不必把計分板掛在廚房的冰箱上，實際做記錄。然而，想提升溝通品質，你們就必須多體諒對方。

我的研究也顯示，現代人很難全神貫注。在這個忙碌、資訊爆炸的時代，夫妻更少給予彼此百分之百的關注。人們手中總是有個電子裝置奪取他們的注意力，更不用說他們想看的電視節目、想打的電話，以及一長串的代辦事項。但給予彼此百分之百的關注，能有效地為你們的感情加溫。

當我向夫妻們報告我的研究成果時，我有時會進行一項練習——讓其中一人問另一個人簡單的問題，例如：「你今天過得如何？」三分鐘後，他們只能安靜地聽對方回答；不能打斷對方、不能問問題、不能發表意見，也不能和對方交談。他們聚精會神、全神貫注地聆聽；效果振奮人心。環顧整個房間，我看見人們對彼此敞開心胸，他們的眼神交流是如此深刻；他們充滿歡愉、緊密連結、相互共鳴。這些全都是在三分鐘內發生的事。

在那之後，這些人分享他們的感受。他們覺得自己被理解與重視，而且和對方十分親密——這正是我們渴望從感情中獲得的。此外，他們也對自己的伴侶吐露了更多事。一小段時間全神貫注，就對親密關係造成巨大的改變。有誰無法付出這短短的三分鐘呢？

有時候，我們都會因為成為「末日四騎士」中的一員而感到內疚。但我們也可以體諒我們的另一半、相信他們懷抱著善意，並給予他們百分之百的關注。當你越接近後者時，你們之間的溝通就會變得越容易。練習這種相處模式，不僅有助於你們進行協商、改善平時的互動，也能增進你們的感情。

3

努力做完每一件事

幫雙胞胎洗澡，餵他們喝奶、哄他們入睡（完成）；回覆工作上的緊急信件（完成）；打包明天出差的行李（完成）。在累了一天之後，漢娜（Hannah）癱坐在沙發上，現在她終於能喘一口氣了。過了一會兒，聖地亞哥（Santiago）也坐了過來。漢娜開心地牽起他的手，他們總算有短暫的時間可以相處。但當聖地亞哥迴避她的目光時，她察覺到有些不對勁。

她問道：「怎麼了？」聖地亞哥回答：「噢，沒事。」但他一直別過頭去，突然間，漢娜發現他的眼眶裡盈滿了淚水。

她又問：「怎麼了」，這次多了些擔憂。

「我很抱歉，」聖地亞哥哽咽著說，「我只是明白了一件事——我們永遠都不會住在葡萄牙，對吧？」現在他不停地啜泣，胸膛劇烈起伏著。他和漢娜都沒有想到，他會有這麼強烈的情緒。

六年前，漢娜和聖地亞哥在一場座談會上相遇。他們共進晚餐、週末一起約會，然後墜入愛河。他們談了一年半的遠距離戀愛（兩人分別住在里斯本和布魯塞爾），放假時一起旅行，分隔兩地時，則是在電話裡情話綿綿。他們都知道，他們應該住在一起。但要住在哪裡，以及如何做到這件事？

經過一連串的討論，在漢娜懷了雙胞胎之後，這個問題更是到了非解決不可的地步。為了讓他們新建立的家庭能夠正常運作，聖地亞哥和漢娜必須趕快做出決定。「當時的我們驚慌失措，」漢娜說，「對我們而言，最重要的就是做出決定。」他們走投無路，只好依據雙方的經濟條件來做決定。

「漢娜的收入較高，所以跟著她住在比利時是理所當然的事。或者那時看起來是如此。」聖地亞哥回憶道。他們結婚後，他在布魯塞爾的一家小公司找到工作。然而，當漢娜的職涯開始向上攀升時，聖地亞哥卻停滯不前。身為一個外國人，他在職場上格外艱辛，也一直無法升遷。當他們的孩子兩歲時，兩人的收入差距變得更大。

職涯困境不是唯一令聖地亞哥感到煩惱的事。他形容他們每天的生活，就是「永無止盡地做、做、做」。他們都非常努力工作，同時也是凡事親力親為的父母。他們不再像以前一樣，週日早上一起到布魯塞爾市內的公園裡悠閒地散步。他們不再晚上出門隨意走走。但最讓人悲傷的是，他和漢娜過去的那種親密已經不復存在。

他心中的孤獨感日漸滋長，使他意識到，家鄉的文化與習俗對他有多重要。比利時的人都十分友善，但他和他們之間，有種情感上的隔閡，要交到真正的好朋友似乎是不可能的事。聖地亞哥發現自己夢見里斯本的食物、景色，甚至是那裡特有的氣味。他極度想家，就連他對漢娜的愛也無法抵擋滿溢的思鄉之情。

聖地亞哥渴望回到葡萄牙，讓自己的職涯重回正軌，並放慢生活的步調。然而，他們都已經同意根據雙方的經濟條件來做決定，因此這個選項不在考慮範圍內。聖地亞哥的心中充滿了後悔，漢娜則滿是內疚。「我覺得我讓他無路可走。」她坦言。聖地亞哥在沙發上將情緒傾瀉而出，使兩人第一次察覺，他們的選擇困住了彼此。他們都不快樂。他們理性地分析、做出決定，並且沒完沒了地「做個不停」，讓他們無法成就彼此。

恐慌區

引發第一次轉變的人生大事，使漢娜和聖地亞哥這樣的夫妻陷入了恐慌區（panic zone）[*1]。壓力與不確定性，取代了蜜月期的和諧與歡樂。他們不再因為擁有一切而感到愉悅，而是害怕無法解決眼前這個難題。當兩人的關係變得緊張時，小爭執也跟著變多了。此時，許多夫妻第一次發生嚴重衝突。

我發現，夫妻急著想趕快脫離恐慌區，反而導致他們陷入困境，延長他們在第一次轉變中掙扎的時間。**這些困境——仰賴雙方的經濟條件來做決定、只著眼於短期因素、著重現實層面，以及努力做完每一件事，像是一個又一個圈套**。他們似乎找到了一條相互依賴的道路；他們似乎回答了那個問題——「我們該怎麼解決這個

*1 心理學家將人們面對各種情況時的心理狀態大致分為三種——舒適區（comfort zone）、學習區（stretch zone）和恐慌區（panic zone）。在舒適區裡，我們身處熟悉的環境、做自己擅長的事，感覺輕鬆、自在。舒適區的外圍是學習區，此一區域是我們平常很少接觸，甚至未曾涉獵的領域，充滿新鮮的事物，在這裡可以充分鍛鍊、挑戰自我。最外圍則是恐慌區，裡面的事超出我們的能力範圍太多，待在這個區域，我們將感到焦慮、恐懼、無助，充滿強烈的挫敗感。若是跳過學習區，直接進入恐慌區，不但無法學習新事物或發揮潛能，還會產生自我否定、自尊受損或自信心低落的反效果，反而侷限了進一步向外探索與冒險創新的可能性。

難題？」但實際上，就像聖地亞哥和漢娜的故事所說明的，這種回應人生大事的方式，日後將令他們後悔不已。

夫妻的掙扎期有多長、這些掙扎有多激烈，以及他們能否順利度過這一切，取決於他們察覺並克服這些困境的能力。

困境一：以經濟條件作為決策標準

在我的研究樣本裡，過度仰賴雙方的經濟條件來做決定，是正在經歷第一次轉變的夫妻普遍面臨的困境。他們依此選擇居住地點、排定工作順位，以及決定由誰負責較多的育兒工作，讓經濟效益最大化。這樣的選擇看似慎重，但其實並非如此。因為它以經濟因素為首要考量，兩個人的價值觀則居於次要。若進一步檢視，那通常都只是為了迎合傳統社會的要求。

當然，以金錢作為其中一個決策標準是很合理的，尤其是當你選擇不多且財力有限時更是如此。但很少人只為了錢而活。在工作中，人們也因為持續學習、精進專業知識與技術，以及背負更大的責任，而獲得源源不絕的動力。夫妻之所以想住在某個地方，是因為那裡離家人很近、提供優良的生活品質，同時他們也能在此地建立強大的人脈。此外，人們也對花時間和孩子相處，以及發展個人興趣有自己的偏好。

漢娜和聖地亞哥的故事告訴我們，忽視這些因素，將會在日後產生各種問題。他們的故事也說明了，以經濟條件來做決定所帶來的困境有多難脫離。因為漢娜的收入較多而決定住在比利時，使聖地亞哥升遷受阻，也沒有加薪的機會——他任職的公司主要經營國內市場，但他是一個外國人。這個選擇讓他的職涯發展停滯，並加大了兩人的收入差距。為了維持相同的收入水準，留在比利時變得更加重要，轉變也因此顯得不合理，甚至不恰當。

以經濟條件作為決策標準，使人們更容易做出次佳的選擇。（不只是選擇居住地點，做其他決定時也是如此。）過於著重錢的問題，也是導致夫妻中的一人辭去工作的原因。三十歲中期和後半，是最多人做出這種改變的時候，他們的第二或第三個孩子通常也在這時出生。以平均來看，有百分之三十一的母親為了照顧孩子暫時退出職場（其中位數是兩年）。[1]有些女性是真的想要放下工作、全心投入家庭，她們不曾後悔做出這個決定。然而，有更多女性對這個選擇感到後悔。[2]

既然如此，女性為什麼會在不情願的情況下離開職場？原因錯綜複雜。社會對密集母職（intensive mothering）[*2]的期待、不給予支持的丈夫與上司、家裡要做的事太多，都是促使她們這麼做的因素。[3]不過，女性將托育費用和自己的收入做比較，可能才是真正的關鍵。「我的薪水大半都付給托兒所了，那時我只覺得『這是何必呢？』」研究人員經常聽到選擇退出職場的女性說出這句話，在本書的研究過程中，我也常聽到這樣的話。但這並不代表，錢是唯一或最重要的因素，只是，它時常被視為一個理由。

＊

彼特（Pete）和蘇珊（Susan）有兩個不滿三歲的孩子，他們總是筋疲力竭。蘇珊很喜歡她在審計部門的工作，但在某個壓力繁重的月底，她算了一下女兒的托育費用，發現它佔了自己稅後收入的很大一部分。於是她思考著，為什麼她要繼續工作。她整天工作，加上孩子們還小，有滿坑滿谷的家務要做；如果她大部分的薪水都給了托兒所，為什麼還要繼續做這麼辛苦的工作？那天晚上，她把計算結果拿給彼特看，然後說她要休四年的長假，直到女兒上小學為止。彼特知道工作對蘇珊有多重要，擔心她會因此感到不滿足，但他想支持她的決定。他也明白，若是她休了長假，將減輕繁重家務帶來的壓力，也不會對他們的財務狀況有什麼影響。他們都認為，對他們而言，這是一個正確的選擇。

四年很快就過去了。蘇珊重返職場後，卻一直無法找到相同層級的工作，最後她在一家較小的公司裡擔任較低層級的職位，而且減薪百分之二十。她感嘆地說：「要是我事先知道，我的職涯與薪資會受到這種影響，一定會做出不同的決定。諷刺的是，我還是個受過專業訓練的審計人員。我的估算完全失準。」

許多研究報告都應證了彼特和蘇珊的故事——夫妻中的一人為了照顧孩子辭去工作，很少是值得的。當那些離開超過三年的女性重回職場時，她們的減薪幅度高達百分之三十七。[4]照顧年幼孩子的時間顯得很漫長，但那其實只佔了四十多年職業生涯的一小部分而已。這些研究估算，在後半輩子退出職場的財務損失，總計超過一百萬元美金。[5]

這個故事不是要告訴我們不該離開職場，而是不要單單為了財務因素或社會壓力就這麼做。無論你們正面臨什麼難題，光憑雙方的經濟條件來做決定，是無法做

*2 密集母職是一種性別模範，要求母親在育兒過程裡，投入大量的時間與精力。母親應該隨時照顧孩子，留意他們的心理狀態，同時全方位培養他們的能力。這種模範育兒方式讓母親一刻都不得閒，一直處於焦慮狀態。

出好選擇的。這樣反而會帶給你意外的挑戰。如果你們正經歷第一次轉變，好好地討論，要以哪些條件作為決策標準，是極為重要的。它們可能包含了以下和工作、生活與親密關係有關的因素：住得離家人很近（遠）、擁有強大的人脈與廣闊的朋友圈、有升遷機會、能夠精進專業知識與技術，並且在工作與生活之間取得適當的平衡。

在做出任何決定前，你們都應該先進行這樣的討論。身處恐慌區的急迫與焦慮，讓人很容易把這些討論視為一種奢侈的行為，但它們可以減少將來後悔的可能，幫助你們謹慎地規劃出一條路，並攜手朝同一個方向邁進。這個故事也告訴我們，從經濟層面來看，短期可行的做法通常不適用於長期。這使我們陷入第一次轉變的第二種困境——短期偏差（short-term bias）。

困境二：短期偏差

當夫妻急著做出決定，將兩人的工作與生活融合在一起時，我發現他們往往都忽略這些決定所帶來的長期影響。他們想要快點脫離恐慌區、重新回到較舒適的位置，使他們只注意到眼前的問題。這個現象是一種常見的決策偏差。[6]他們或許能找出一條暫時可行的共同道路，然而，這條路可能充滿了意外的挑戰，並在日後對他們造成阻礙。

讓我們回到「退出職場」這個例子。也許你決定離開工作崗位一段時間，而這對你和你的另一半是可行的（先撇開它對財務狀況的影響不談）。在選擇離開職場的那一刻，人們自然只考慮到短期好處——享有和孩子相處的寶貴時光，以及有更多精力處理家裡的各種瑣事。即便曾經考慮過長期影響，他們也認為自己能重新回到當初離開時的那個位置，或許需要再受訓一下，但不會遇到什麼大問題。研究結果顯示，事實並非如此。

一旦人們選擇退出，要重返職場經常是困難重重。招聘人員多半認為，曾經離開職場的應徵者較不盡責、較不可靠，因此不值得錄取。相較於女性，若選擇退出職場的是男性，這種情況將更加嚴重。[7]某項研究指出，曾經在家中全職照顧孩子的父母親，比先前被解雇的人更難被錄取。[8]由於這種偏見造成的阻礙，想重返職場的人們往往沒有回到原本的崗位，而是換了其他工作。[9]另一項研究也顯示，在接受調查的所有母親當中，有百分之九十三想重拾原本的工作，但只有百分之四十的人成功找到全職工作。[10]

這樣的短期偏差令身處恐慌區的夫妻非常苦惱，因為他們無法預先規劃，不知道如何在正確的時間點重回職場。但不該是如此。對此，我訪問的一位物理治療師很有先見之明。在生完第二個孩子之後，她想當全職媽媽一段時間，卻擔心對自己的職業生涯產生負面影響。因為不想被邊緣化，她申請成為代理治療師，在她離開的三年內，若以前的同事生病或休假時，她可以擔任他們的職務代理人。她平均每個月工作三天（這足以讓她與同事保持聯繫、掌握最新資訊），把大部分的時間都奉獻給家庭。當她休完長假時，就能回到原本的崗位。一開始，她手上負責的工作較少，但很快就重回正軌。

儘管有很多研究探討暫時退出職場帶來的長期影響，但當人們要做其他決定時，其影響通常不太明確，也很難預測。如果你為了跟隨另一半而轉職，你會在新職位上取得成功，還是對這樣的轉變感到後悔，甚至對你的伴侶心生不滿？若你們都被派駐到國外，這將加速你們的職涯發展，還是只是讓回家變得困難而已？

另一方面，在做艱難的選擇時，我們不可能預測並考量所有的影響。即便列出各種利弊得失，也無法找出最好的一條路。我們沒有人能預測未來。此外，某些長期影響比其他影響更為重要。其中最重要的是，我們的選擇將使我們成為怎樣的人，也就是所謂的「自我認同影響」（identity implication）。

艱難的選擇給夫妻進入平行宇宙（parallel universe）的機會，在那裡，我們將變成不同的「版本」[*3]。我們會努力工作、盡情玩耍，到世界各地旅行、冒險，還是生活穩定安逸，身旁有許多朋友和家人？我們將努力做完每一件事，試圖兼顧家庭與工作，還是「各個擊破」（divide and conquer），以其中一人的工作為優先，另一個人則扮演家庭主要管理者的角色？我們會過著快節奏的城市生活，喝著拿鐵咖啡、上瑜珈課，還是喜歡戶外活動，熱衷越野單車運動和野外露營？

如果沒有事先思考，在你做出選擇的幾年後，自我認同影響才會逐漸顯現出來。在我訪問的人當中，有很多人都說，他們都是某天早上醒來時才突然驚覺，自己過著不曾想過的生活、變成了自己不想成為的那個人。他們過去的決定形塑了現在的他們。

思考某個決定會讓你們變成怎樣的人，對跨國伴侶格外重要。現在有越來越多人選擇外國伴侶；即便你的另一半不是來自不同的國家，他也可能來自其他地區，擁有不同的文化、人生觀，甚至連使用的語言也不同。這些夫妻會面臨身分認同的

*3 根據平行宇宙的理論，所有選擇都會創造出平行宇宙。雖然我們只能選擇其中一種，但在其他平行宇宙，也會有其他「版本」的我們，經歷不同選擇所帶來的人生。

問題，其中最棘手的就是關於家鄉的課題。

就像漢娜和聖地亞哥的故事所說明的，家鄉是涉及情感的問題。身處異鄉時，有些人總是覺得不太開心。其他人則刻意避開自己的家鄉，在其他地方建立另一個家。還有更多人，雖然一直在異地過得很滿足，但當孩子出生或即將退休時，家鄉就大聲地呼喚著他們。你和另一半對家鄉的感受不同，做出的選擇也會不同。有些夫妻選擇住在其中一人的家鄉，有些夫妻在兩地之間往返，還有些夫妻選擇在和兩者無關的地方建立新的家庭。無論結果如何，特別是當你們是跨國伴侶時，早點處理關於家鄉的課題比較好。若是你們沒有思考這個問題，因此陷入與漢娜和聖地亞哥同樣的困境，不要感到意外。

從自我認同的角度來思考，讓我們明白，最實際、理性，或從財務層面來看的最佳選擇，可能無法使你們找出一條共同道路，讓你們成就彼此。若沒有考慮選擇對自我認同造成的影響，你們將在不知不覺中失去自我。藉由思考這個問題，你可以編寫自己的人生故事。雖然生命中將不斷發生意外的事，你會變成怎樣的人，也並非你能完全掌控，但你不能因此逃避自我認同的問題。

困境三：只著重現實層面

因為引發第一次轉變的人生大事會立即造成影響，我發現，夫妻都會把焦點放在找出實際解決方案上。他們把「我們該怎麼解決這個難題」解讀成「我們該做些什麼」。雖然這是可以理解的，卻使他們陷入困境，延長他們掙扎的時間。

這裡有一個貼切的比喻——在北極海航行時，水手會遇到許多冰山。冰山露出水面的部分會帶來危險，必須小心避開。然而，藏在水底下的部分不僅更危險，它也會帶著水面上的部分一起移動。除非水手特別留意沒有露出水面的部分，他們將和冰山相撞。

對雙薪夫妻而言，現實層面就是露出水面的冰山一角。因為人們可以清楚地看見它、感受到它所帶來的痛苦，也知道他們必須避開它，所以非常容易忽略藏在水底下的部分。儘管你們希望它不存在，在人生的現實層面底下，總是埋藏著些什麼。因為兩人之間的權力與控制而苦苦掙扎；和對方進行無效的溝通；覺得另一半應該怎麼做，或兩人的關係應該如何；你們心中的煩惱、希望與夢想……這些心理因素與社會力量形成你們所面臨的挑戰，並影響你們做出的決定。

想想阿勒漢德羅和潔絲敏的故事。（我在第2章提過他們。）他們的第一次轉變，源自於潔絲敏獲得在溫哥華的升遷機會。（溫哥華和他們居住的多倫多相隔兩千七百英哩。）他們都同意，分隔兩地是不可行的；他們思考著，他們是否都該搬到溫哥華、讓潔絲敏放棄這次升遷，或是找尋第三種可能性。就像很多夫妻一樣，阿勒漢德羅和潔絲敏也從現實層面來考量這個問題。他們認為升遷對潔絲敏來說，是一個很好的機會，若阿勒漢德羅能在溫哥華找到和在多倫多類似，甚至是更好的工作，他們就應該搬到溫哥華。當時經濟一片大好，阿勒漢德羅很輕鬆就找到了這樣的工作。他們在舉行婚禮的半年前搬到西岸，展開新的生活。

一開始，一切似乎都很順利——前九個月，他們籌備並舉行婚禮，接著去度蜜月。但當生活平靜下來後，他們的感情開始出現問題。因為自己是跟隨潔絲敏轉職的那個人，這令阿勒漢德羅心生不滿。因此感到羞愧的他，試著將這些情緒拋開，但他越是努力這麼做，心裡就越不安。對潔絲敏而言，她則是意識到自己「打亂了原有的秩序」。在不自覺的情況下，她試圖導正這個平衡。在家裡，她變得極度遷就；她堅持要阿勒漢德羅決定每一件事（從晚餐吃什麼、該住哪一間公寓，乃至週末要做些什麼）。但與此同時，她也因為被迫成為溫順的妻子而感到厭惡。

兩人的關係變成這樣，他們都很不快樂。他們都知道，自從搬到溫哥華開始，一切就每況愈下，但他們都不明白為什麼。兩人反覆檢視搬到溫哥華的決定，但每當他們這麼做時，都是從現實層面來考量，所以認為這麼做是合理的。那為什麼行不通呢？

就像許多夫妻一樣，即便阿勒漢德羅和潔絲敏講求男女平等，他們從小成長的家庭與周遭社會都不斷地告訴他們，必須以男性的工作為優先，並且由男性確立夫妻之間的**權力平衡**（balance of power）。只有發現過去的決定在和自己作對時，很多夫妻才察覺傳統價值觀對他們的束縛有多深。在這樣的情況下，這些價值觀突然浮現出來，導致衝突與焦慮。

為了化解這種衝突，夫妻經常採取補償措施（例如潔絲敏的過度遷就），刻意迎合社會標準（特別是在家裡）。比方說，研究結果顯示，那些收入比丈夫高的女性，不僅比她們的丈夫承擔更多家務，和那些收入比丈夫低的女性相較，她們也做得更多。[11]這些下意識的補償措施，其實是在重申傳統性別角色，以及重新建立權力平衡。然而，當夫妻採取這些補償措施，卻沒有意識到是什麼驅使他們這麼做時，通常會加深他們的焦慮，並產生困惑。

阿勒漢德羅和潔絲敏急著解決該住在哪裡的現實問題，沒有好好地探究，他們究竟對阿勒漢德羅跟隨潔絲敏轉職有什麼感受，以及要如何面對兩人之間的權力平衡轉變。讓我們回到冰山的那個比喻。阿勒漢德羅和潔絲敏只著重露出水面的部分，而沒有注意到藏在水底下的部分。他們沒有事先考慮這些潛在問題，導致實際解決方案無法順利執行。他們的心中充滿後悔與內疚。

阿勒漢德羅和潔絲敏還能怎麼做？每一對夫妻都會面臨艱難的選擇，如果能先好好地探究這些決定可能帶來的影響，也許是比較好的做法。困難選擇背後隱藏的典型能量包含了夫妻之間的權力關係、認為兩人的關係應該如何，以及心裡埋藏的目標、希望與恐懼。坦承這些情緒，並不代表你們在做決定時必須避開它們。如果阿勒漢德羅和潔絲敏為了滿足潛在的傳統價值觀，不搬到溫哥華，反而將破壞兩人之間的平等基礎，而帶來一連串（可能更難解決）的問題。坦率地談論這些潛在情緒，它們對你們的束縛將會少一些。

當你理解、分享並談論這些決定背後隱藏的情緒、價值觀與恐懼時，你就能事先減輕它們。就像所有因為只著重現實層面而陷入困境的夫妻一樣，阿勒漢德羅和潔絲敏一開始的做法，暫時解決了第一次轉變最關鍵的問題——「我們該怎麼解決這個難題？」然而，這只是表面上而已；他們重新安頓下來之後，依然備受煎熬。

困境四：做完每一件事

在第一次轉變期間，夫妻可能會面臨的最後一種困境，是想做太多事。許多處於蜜月期的夫妻都認為自己可以擁有一切，因而導致這種困境。身處恐慌區的他們累積了龐大的壓力，通常也會因此陷入前三種決策困境。

處於蜜月期時，擁有一切似乎是可行且令人嚮往的。然而，當生活日漸繁瑣，這樣的渴望變成了一種要求——規定自己做完每一件事，讓他們在掙扎期（和掙扎期過後）飽受困擾。如果你們想擁有好工作、逐漸成長的家庭、精彩的社交生活，並且發展自己的嗜好、花時間和另一半相處，還有……，還有……，這表示你們必須同時做很多事。當生活變得更加繁瑣（夫妻面臨第一次轉變時就是如此），同時做這麼多事將使夫妻筋疲力竭，造成摩擦與衝突。

讓我們回到本章一開頭提到的漢娜和聖地亞哥，他們努力做完每一件事、將生活填滿，兩人卻不再親密。因為無法分享內心的恐懼，他們變得更加痛苦，直到聖地亞哥崩潰的那一刻……。或許漢娜和聖地亞哥的情況很特殊，但這並不是他們陷入困境的原因。

克萊兒和喬安娜從 MBA 畢業後不久，她們就陷入了努力做完每一件事的困境。二十五、六歲時，這兩位女性在工作上認識並墜入情網。（大學畢業後，她們進入同一家公司，並且在同一個部門工作。）她們過了三年充實的生活——努力工作、參與社交活動，同時在她們居住的城市裡體驗各種文化。然後，因為對工作懷抱企圖心，並受到同儕的影響，她們一起參加了當地開辦的 MBA 課程。她們因此開闊了視野，也了解到快節奏的工作，可以帶來什麼樣的機會。她們都想獲得更多。

畢業後，喬安娜到一家顧問公司，克萊兒則到一家銀行的併購部門上班。雖然兩人的公司都位於紐約市，她們平日幾乎都在四處奔波。到了週末（她們僅有的相處時間），她們也沒有好好地休息，而是趕著參加一場又一場的活動、和朋友們聚會，以及找尋適合購買的公寓。她們短暫的相處時間被這些事塞滿，逐漸消磨兩人的感情。半年後，原本的小爭執變成了嚴重衝突。因為意識到彼此的關係出現危機，她們懸崖勒馬，暫時停止瘋狂的週末活動。但一年後，她們又故態復萌。這種生活方式使交往變得更為困難。

*

夫妻很難擺脫努力做完每一件事的困境，尤其是那些覺得自己精力充沛、身邊充滿各種機會，不該讓它們白白溜走的人更是如此。儘管展開了第一次轉變，許多夫妻還是認為，他們應該試圖擁有一切。我訪問克里斯多福（Christoph）和艾蓮娜

（Eleanor）時，他們正值五十歲出頭。在他們的朋友、家人和同事看來，他們是一對模範夫妻，既快樂又成功，但在私底下，他們正考慮要分開。我們將會在第８章看到他們的完整故事，但在這裡，我要先給那些想做完每一件事的夫妻一個提醒。克里斯多福認為，他們的關係是這樣開始破裂的：

回首過去，我思考著自己能否用不同的方式做事；我應該花更多心思經營我們的關係。我們應該更留意日常生活中的某些小事，但我們總是在做事。比方說，我們都很喜歡美食與美酒。我們總是自己烤麵包，這非常花時間。我們的孩子從小就吃家裡的各種自製食物長大。我們很努力自己製作健康的食物，鮮少購買加熱或加工食品。這件事本身沒有問題，但我們做了一百件這樣的事。老實說，我覺得我們應該要降低標準；沒有人會因此受到傷害，我們也可以多花一點時間跟對方說話。多年來，我們的距離變得越來越遠，直到現在我們處於分手邊緣。

由於把重心放在家務工作上，有段時間，夫妻可能會不停地努力做完每一件事，但就像克里斯多福和艾蓮娜的故事告訴我們的，太著重這些外在因素，最後將使兩人嘗到苦果（我將在第４章再次說明這一點）。

對付繁重家務的策略

不管面臨什麼挑戰，你們都必須注意這四種困境，它們將阻礙你們找出一條共同道路，讓你們無法成就彼此。即便成功規劃出這條路，你們還是得持續處理各種家務工作。每一對夫妻（無論年齡、貧富）都會面臨一連串必須完成的任務，也許是管理財務、修剪草坪、安排社交生活，或照顧年邁的親人。傳統上，這些大部分都是沒有外出工作的妻子在做。而**現今雙薪家庭的挑戰在於，夫妻怎麼分擔這個傳統「妻子」的角色**。

二十、三十幾歲，正處於蜜月期的夫妻，通常身上背負的責任很少，生活也較為輕鬆。在這段時間裡，家務負擔較輕，兩人很少為此產生摩擦。然而，當他們面臨第一次轉變時，家務負擔往往也跟著加重。當生活變得更繁瑣、兩人的人生更加密不可分時，要做的事就變得更多。如何處理並分攤這些家務，將一直是衝突的來源。

讓我們回到遙和紗奈的故事。（我在第2章提過他們。）孩子出生後，又有不同的家務要做。不僅得到托兒所接送孩子，還有滿坑滿谷的東西要洗；他們製作嬰兒副食品、帶孩子去看醫生、購買衣服、打掃，還有一堆新手父母必須面對的苦戰。

成為父母前，遙在家裡也會幫忙處理家務，但在紗奈請產假之後，一切就改變了。就像很多新手媽媽一樣，產假期間，紗奈一手包辦大部分的家務，即便已經回公司上班也仍是如此。她和遙很快就發現，**對雙薪家庭而言，這種傳統夫妻普遍採取的分工方式是不可行的**。妻子幾乎包辦所有的家務，同時也要工作，這令她們感到沮喪並心生不滿，最後導致兩人不歡而散。

如果對雙薪家庭來說，傳統分工（其中一人負責百分之八十以上的家務）是行不通的，怎樣才是最好的分工方式？近年來，均等付出的婚姻概念（夫妻試圖平均分攤所有家務）引起許多人的關注。[12] 儘管這是一個崇高的理想，我發現那些妥善分配家務的夫妻（對分工方式感到滿意，不僅對彼此沒有不滿的情緒，也能推動自己的職涯向前邁進），謹慎地分配工作，但不一定是平均分攤。你們可以根據以下步驟，找出符合自身需求的分工方式，而不是遵照既定公式執行。

列出所有的家務工作

研究結果顯示，男性與女性都高估自己負擔家務的比例。[13] **女性認為她們包辦了大部分的家務，男性則認為，家務是由兩人平均分攤**。實際上，一般男性每週做十六個小時的家事，女性則每週做二十六個小時的家事。[14]很顯然，這不是一比一，但也不是九比一。之所以會出現這種落差，主要是因為我們不清楚自己的伴侶做了些什麼，反之亦然。

因為只有你知道，都是你幫盆栽澆水、準備孩子的運動包（gym bag）、支付各種帳單、清理水溝，不代表你的另一半知道。事實上，就像蒂芬妮・杜福（Tiffany Dufu）在她的著作──《放下手中的球：做得更少、達成更多》（*Dropping the Ball: Achieving More by Doing Less*，暫譯）中所說明的，我們往往會對自己沒有做的那些家務視而不見。[15]這使兩人心生不滿，覺得自己不被重視。一起列出完整的家務清單，可以避免這種認識不足的困境。如此一來，你們就不會遺漏任何事。

我們可以不做哪些事？

當你們拚命想做完每一件事時，其實只是因為你們覺得自己該做，而不是你們真的需要或想做。你們家必須隨時保持一塵不染嗎？每次學校舉辦糕點義賣時，你們都得帶自製蛋糕去嗎？你們是否必須負責安排每一次的家族聚會？

當你們把家務的每項工作都列出來後，很容易直接進行分配。在這麼做之前，請先好好地檢視這份清單，並問自己：「我們可以不做哪些事？」有時我們做某些事，是為了迎合他人的期望，或者更清確地說，我們認為別人有這種期待。有時，我們也會模仿父母親或朋友的行為。仔細思考自己可以不做哪些事，將立即減輕你們的負擔，同時讓你們開始擺脫努力做完每一件事的困境。

我想負責什麼工作？

家務或許令人厭惡，那像是一種犧牲奉獻，但家庭責任不是只有沉重乏味的一面。我們多數人都從中體會到生活的樂趣與意義。在思考要如何分配，以及將哪些家務外包出去之前，先確認自己想負責什麼工作，是很重要的。也許你是一位新銳廚師，喜歡幫家人準備餐點；也許你熱愛園藝；或者你喜歡哄孩子入睡。

在研究過程中，我訪問過一對最成功的夫妻——妻子是某個非營利組織的執行長，她的丈夫則是一家律師事務所的合夥人——就是一個很好的例子。他們都極為忙碌，在工作上投入大量的心力；他們的四個孩子都已經離家，他們也有足夠的錢請人處理任何家務。然而，每到週日晚上，她都會幫他燙好接下來一週要穿的襯衫。身為一個很討厭燙衣服的人，聽到她透露這個習慣時，我忍不住大吃一驚。我問她：

「為什麼？」對此，我感到有些訝異，她怎麼沒有讓傭人做這件事？

「因為我喜歡，」她回答，「我一直都這麼做。它使我放鬆，甚至能讓我沉思。這是我表達愛意的一種方式。事實上，我的自我認同有很大一部分都來自於妻子這個角色。」

就像這位幫丈夫燙襯衫的執行長一樣，我們很重視的事，通常都是我們作為配偶或父母親的一種展現。找出這些事，並且認領它們，是一個很好的開始。當然，一旦這樣做之後，你們的清單上可能會有很多工作被保留下來，所以其他的事就……。

我們可以外包那些事？

身為雙薪夫妻不一定會讓你們變得富有，但因為擁有兩份薪水，你們通常有一點多餘的錢，可以把很不喜歡或格外花時間的那些家務外包出去。無論是燙衣服、打掃、園藝工作或採買雜貨，將某些工作外包出去，你們就能騰出時間，去做你們真正重視的那些事。有些夫妻對要外包什麼或多少家務沒有共識。要把育兒工作外包給誰、一週外包幾小時，是涉及情感的問題（我將在第4章詳細探討這個部分）。

至於那些和育兒無關的事，請再回頭看看你們的清單，找出你們最不喜歡的事、確認每週的預算，然後在預算許可範圍內，盡可能將這些事外包出去。

當你們特別忙碌或壓力特別大時（在工作上負責大型專案、為即將到來的升遷做準備、孩子剛出生），重新檢視這些關於家務外包的共識，是很重要的。在必要的時候多請別人幫忙（儘管那些事你們平常不會找人幫忙），可以讓你們免於筋疲力竭。

我們要如何分攤其餘的工作？

當你們從清單裡剔除不必要的項目、認領自己喜歡的事，並將你們最不喜歡的工作外包出去後，接著就要分配剩下的部分。即便沒有通用的分工方法，只要你開始這麼做，就能使你們避免衝突。

有兩種主要策略。第一種策略是分配，兩人各自負責分配到的部分。有些夫妻選擇平均分攤家務，有些夫妻則由其中一人負責較多工作——這個人可能工作壓力較小，或更想把事情做完。第二種策略是輪流，在每一項工作上，兩人都具有相同的責任。也許你會在一週中的某幾天，工作較不忙碌時負責某些家務。比方說，週一到週四，由你們其中一人負責煮晚餐，週五和週末則由另一個人負責。無論你們怎麼選擇，關鍵在於明確。**兩人的關係之所以變得緊張，幾乎都是因為分工不明確，而不是不平均。**

努力做完每一件事

在每一次轉變裡，掙扎期都是最艱難的一段時期，而且不是所有夫妻都能順利度過。他們常常陷入四種困境中的其中一種（有時更多），每一次都像進到死胡同一樣。就算成功脫了身，這段期間的情緒起伏有如坐雲霄飛車一樣。然而，儘管一起度過掙扎期，還不足以讓他們完成第一次轉變。夫妻必須一起為「我們該怎麼解決這個難題」找出答案。先前痛苦的掙扎，教會他們不能從現實層面來找答案，他們必須進行更深層的溝通——將兩人的價值觀、信念與感受納入考量。當夫妻針對這些層面進行討論時，他們就能更從容地面對生活大小事。

4

變得相互依賴

當艾蜜莉（Emily）在Sonora Grill（他們在墨西哥最喜歡的一家餐廳。）坐下來，準備和賈瑪爾（Jamal）共進晚餐時，溫暖的夏日晚風吹拂著她的裙擺。服務生為他們點上蠟燭，然後將菜單遞給他們，笑著說：「這是一個美好的夜晚，適合浪漫地享用晚餐。」艾蜜莉和賈瑪爾也對他笑了笑。他們實在沒有心情談情說愛。在經歷一年半的痛苦掙扎與激烈衝突後，他們急著想找到一條前進的路。他們希望這個放鬆的夜晚可以協助他們突破困境。對艾蜜莉而言，這只是一個希望，但賈瑪爾心中有個計畫。

在服務生送來兩杯莫希多（mojito[*1]），並幫他們點完餐之後，賈瑪爾把手伸進他的袋子裡。他拿出一張摺起來的紙和幾枝彩色筆，接著把銀製餐具、蠟燭和一小盆花推到一旁。他攤開一張影印的北美洲地圖，然後拿給艾蜜莉一枝綠色的麥克筆。

「我們不能再犧牲自己的工作了，」他說，「我們必須找到一個地方，讓我們都能有所成就。」

四年前，艾蜜莉和賈瑪爾在休士頓初次見面，當時他們都沒有想到，自己必須為彼此做出犧牲。那時的他們二十八、九歲，活力充沛、樂觀進取，努力把生活過得豐富精彩。賈瑪爾在一家土木工程公司擔任專案經理，總是四處出差；週末時，他經常一時興起，帶著艾蜜莉一起參加野外健行活動（這是他們的共同愛好）。儘管他們平日無法聚在一起（艾蜜莉在一家服裝公司擔任採購專員，她很努力工作），這些令人興奮的戶外活動也是一種補償。

開始約會一年半後，他們在艾蜜莉的家鄉——紐約的羅徹斯特（Rochester）舉行婚禮，許多親朋好友都前來參加。他們的蜜月旅行是在洛磯山脈健走。旅行結束之後，他們搬進一間小公寓，屋內可以眺望水牛河（Buffalo Bayou River）的景緻。他們過著和婚前一樣的生活。艾蜜莉第一次晉升管理階層，賈瑪爾則開始帶領更複雜的專案；他們似乎都將有所成就。但三個月後，他們的世界變得一團混亂。

在他們第一個孩子出生的前兩個月，公司要求賈瑪爾負責一項在墨西哥執行的重大公共建設專案。艾蜜莉和賈瑪爾一向能輕鬆應付發生在自己身上的事，他們將這項任務視為一次重要的工作機會。賈瑪爾同意每個月在墨西哥市工作三週；他增加的收入足以支付延長托育的費用。這使艾蜜莉可以繼續工作，也讓他們能同時追尋自己的職涯發展——至少他們是這麼認為的。

然而，賈瑪爾因為被困在墨西哥市的機場，錯過了愛莎（Aisha）的出生（她早產了兩週）。突然間，他們的人生開始急轉直下。艾蜜莉自己一個人照顧愛莎、工作、整理他們在休士頓的家，她發現，所謂的「延長托育」還是讓她筋疲力竭。賈瑪爾則因為負責大型專案，承受龐大的壓力，加上不停地奔波，感到疲憊不堪。艾蜜莉覺得不堪負荷且不被重視，賈瑪爾則感到孤獨，同時也因為自己是個不稱職的父親而深感內疚。兩人都覺得被先前達成的共識困住了。

在愛莎過一歲生日的那個週末，這些問題更是到了非解決不可的地步。那一週賈瑪爾待在休士頓，但他和艾蜜莉似乎不再親密。幾個月來，他們的關係變得緊張，

*1 莫希多是一種源自於古巴的雞尾酒，以蘭姆酒、青檸汁、糖和薄荷調製而成。

引發了一連串的爭執。到了週日晚上，愛莎正在哭鬧，Uber 司機則在樓下等著送賈瑪爾去機場。那時，賈瑪爾告訴艾蜜莉：「我無法再忍受這一切了。如果我們不設法解決這個問題，我們之間就玩完了。」接著，他氣沖沖地走出他們的公寓，砰地一聲把門關上。他在飛機上一路哭回墨西哥，分不清自己究竟是憤怒還是悲傷。

直到這一刻，艾蜜莉和賈瑪爾才明白，「擁有一切」不再可行，或許最後連他們之間的愛也所剩無幾。接下來的一週，身為行動派的他們，都在電話裡討論可能的解決方法。艾蜜莉認為，她可以向公司爭取負責一項為期九個月的專案，這樣她就能以遠距的方式在家工作。他們把在休士頓的公寓轉租出去，然後這個年輕的家庭在墨西哥市重新團聚。

前幾個月，他們很享受旅居國外的生活。他們找到一位愛莎很喜歡的保姆，總是期待著週末和女兒相聚。但很快地，他們之間的問題又再度浮現。

艾蜜莉的職涯因此受到影響。她覺得自己遠離了總公司，無法獲得升遷的機會，她開始對自己為賈瑪爾所做的這些「犧牲」感到不滿。與此同時，賈瑪爾的上司又開始跟他談論另一項在其他地方執行的新專案。接下來，艾蜜莉和賈瑪爾會怎麼做？他們是否會回到休士頓，讓艾蜜莉得以重振自己的職涯？或者賈瑪爾的工作條件勝過艾蜜莉的，迫使他們再度搬到其他地方居住？他們之間的爭執再次爆發，而且比先前更加激烈。

這就是他們今晚來到 Sonora Grill 餐廳的原因。「你手上有一枝綠色的筆，我手上有這枝紅色的筆，」賈瑪爾說，「我們開始在地圖上做標記吧。你覺得你可以在哪個國家、哪些州、哪些城市生活與工作？把它們圈起來。你討厭待在哪些地方？在它們上面劃『X』。我會用紅筆做同樣的事。等我們完成這件事時，這張地圖將會告訴我們，我們可以一起住在哪裡。」

艾蜜莉有點半信半疑，她不知道，他們的問題是否這麼容易解決。但她愛著賈瑪爾，這一點毋庸置疑，所以她願意嘗試看看。她打開筆蓋，開始在地圖上劃出綠色標記。

各自獨立的困境

我發現，**多數夫妻之所以在第一次轉變期間苦苦掙扎、極度焦慮，有一個最主要的原因——即便成為伴侶，他們還是獨立看待自己的工作、人生，以及應負的責任**。基於這種認知，他們試著彼此妥協、互換得失。比方說，伴侶A在某方面讓步，伴侶B則在另一方面退讓。

彼此妥協並沒有不好，每一段親密關係都需要這麼做。但光是妥協還不夠，因為**真正的人生伴侶並非各自獨立，而是相互依賴**。要做到這一點夫妻必須共同合作，而不是互換得失。妥協可以暫時解決日常生活中的現實問題，但他們必須進一步探究，並處理這些問題背後，關於工作順位與生活結構的深層問題。

就像艾蜜莉和賈瑪爾的故事所說明的，開始相互依賴，同時設法解決他們遇到的問題，並不是一件容易的事。人們往往要經過嚴峻的考驗，才明白妥協使自己停滯不前。尤其是有些夫妻身處極度重視獨立精神的環境——認為獨立代表一個人成功且成熟，對他們而言，更是如此。一旦他們走上「利益交換」這條路，他們之間的關係就變成了一種算計。

若是你處於這種環境，你會注意到一些徵兆。周遭不斷地告訴你要「自食其力」「為自己的人生負責」，以及「獨立自主」。這對我們很多人都有正面影響。人生有些時候，每個人都必須自己做主、自給自足。能夠獨立自主，許多人都因此感到興奮、自在，尤其在剛成年時期更是如此。對多數人來說，這是他們第一次有機會測試自己的潛力，看看自己是否不靠父母也能「成功」。

當我訪問並分析這些夫妻的故事時，我發現，在伴侶關係的早期階段，獨立自主仍舊是一項重要的核心價值。年輕夫妻通常都有各自獨立的工作，而且沒有什麼共同責任，處於熱戀期的他們較為自由。當兩人共同的責任逐漸出現，另一半也開始對他們的生活提出要求時，問題就產生了。夫妻從各自獨立的角度來看待他們面臨的新挑戰，他們著重現實層面的問題，並且盡量滿足個人的渴望。在這個階段，「我尊重你的自由，你也要尊重我的自由」是很多雙薪夫妻之間的協議。這是一場零和遊戲（zero-sum game）[*2]——其中一人獲益，就是另一個人的損失。在這樣的協議底下，一定有贏家和輸家，招致憤怒與嫉妒，促使夫妻走向分手一途。

各自獨立的困境讓夫妻忽視那些現實問題背後的深層能量——如何排定彼此的工作順位，以及該怎麼規劃出一條相互依賴的道路。就像賈瑪爾和艾蜜莉察覺到的，在面對這些潛在能量之前，他們想出來的解決方法都只是權宜之計而已。

想順利度過第一次轉變，夫妻必須謹慎因應他們所面臨的人生大事——仔細商討，如何排定工作順位、分擔家庭責任；在討論的過程中，不僅尊重對方的需求、恐懼與夢想，也思考彼此的共同點為何。只要他們妥善因應，就能規劃出一條路，

*2 根據賽局理論，金錢遊戲可分為「零和遊戲」「正和遊戲」和「負和遊戲」三種。其中零和遊戲是指玩家有輸有贏，其中一方的收益即是另一方的損失，兩者相加的總和永遠都是零，雙方不存在合作的可能性。

並朝同一個方向邁進，直到第二次轉變到來。

要以誰的工作為優先？請考慮三種模式

賈瑪爾和艾蜜莉費了一番功夫才了解，沒有任何夫妻可以擁有一切。他們必須面對艱難的選擇。但夫妻要怎麼做出這些選擇呢？如果兩人各別獲得位處國土兩端的工作，他們該搬到哪裡？若是兩人都同時得出差，誰要留下來照顧孩子？如果其中一人必須投入大量的時間，為了即將到來的升遷做準備，另一個人是否該接替他做家務？

這些兩難的狀況都指向同一個潛在問題——「要以誰的工作為優先？」當你發現你們為了上述問題陷入爭論時，從特定問題抽離出來，並把焦點放在工作順位這個更廣泛的議題上，是很重要的。深入探討這個議題，能幫助你們找出適合你們的模式。這個模式將成為衡量各種選擇、解決兩難局面的準則。這裡有三種基本模式可以考慮。

主要／次要模式

在主要／次要模式（primary-secondary model）底下，以其中一人的工作為優先。擔任主要工作者的一方和他的伴侶相比，在工作上投入更多時間。在計畫搬到其他地方居住，以及對工作的付出（包含出差、參與社交活動、晚上加班或週末出勤）等方面，他通常扮演主導的角色。擔任次要工作的一方則在家裡扮演主要角色。即便步調比另一半緩慢，他還是可以擁有成功且充實的職涯。

早期的雙薪夫妻多半採取這種工作順位模式，他們在一九七〇年代為我們開闢了一片新天地。那時，因為受到社會風俗與傳統思維的影響，通常都是由男性擔任主要工作者，女性則擔任次要工作者。時至今日，仍然有一些夫妻選擇這種模式，但性別比例較為平均。

主要／次要模式的好處是角色明確——兩人都分別主導一個部分（工作或家庭），讓很多決定都變得容易許多。這種模式的風險在於，一旦採用就很難改變。人們往往會在自己扮演的角色上投入大量的心力，因此當生活環境或另一半的偏好改變時，很難進行角色轉換。此外，在其中一人擔任主要工作者幾年之後，他的收入潛力可能已經遠遠超過他的伴侶，使角色互換變得更為困難。

輪流模式

在輪流模式（turn-taking model）底下，夫妻同意輪流擔任主要與次要工作者。從表面上看來，這種模式似乎和主要／次要模式很類似。這兩者的差異在於，夫妻每隔一段時間就會互換角色。一般而言，他們每三到五年會進行角色轉換。不過，有些夫妻為了配合某些個人和工作上的狀況，會在較長或較短的時間內進行轉換。

輪流模式的好處是，夫妻雙方都有機會在工作與家庭投入大量的心力。研究結果顯示，男性與女性都很想花時間和家人相處，當他們無法這麼做時，也同樣會產生強烈的罪惡感。[1] 輪流模式讓夫妻工作與家庭之間找到些許平衡，這種平衡對夫妻的重要性日漸增加。

輪流模式的壞處則是，對互換角色的時間規範不明確。儘管事先討論時程安排會有些幫助，但我們很難預料，一個人的職涯將會如何發展。如果其中一人在他預定擔任次要角色的半年前，獲得重要的升遷機會，他們該怎麼做？這樣的意外挑戰可能會引發很難解決的關係危機。

雙重主要模式

在雙重主要模式（double-primary model）底下，夫妻同時擔任主要工作者。當然，這是很困難的一件事。想做到這一點，最重要的是設立明確的底限，使夫妻雙方保有平等的地位。

這些底限也許和實際居住地點有關。比方說，兩人可能都同意繼續在某個城市定居，無論這將對哪一個人的工作造成影響，也不考慮搬到其他地方居住。這些底限也許是暫時性的，例如針對出差天數或週末會議時數設定上限，或針對平均分攤家務和育兒工作建立規範。

雙重主要模式很吸引人，因為在某種程度上，夫妻雙方都一直處於平等的地位，兩人可以同時在工作與家庭上投入心力。這種模式的風險在於，除非夫妻建立堅定且明確的底限，並確實遵守，否則他們可能很快就會陷入試著「做完每一件事」的困境。

哪一種模式最好？答案令人感到意外

或許要選擇一種工作順位模式，讓你感到很不安。你可能會覺得，不事先規範、等到有必要時再做決定更為實際，而且比較不會綁手綁腳。

選定一種工作順位模式，確實將迫使你限縮未來的選擇，讓你感到備受限制。然而，數十年的心理學研究顯示，相反的是，**設立明確的底限反而令人們感到安心，因此更能在嘗試中成長**。許多研究也指出，同樣相反的是，**選項較少時，人們更容易做出選擇，同時對自己的選擇感到長久的滿足**。[2]

所以，與其直接否決這個做法，我強烈建議你好好地考慮，並且和你的另一半討論。儘管你們選定一種模式，並實行了一段時間，你們還是可以透過共同協商的方式，予以更改或捨棄。即便你們決定不採用任何一種模式，針對這些選項和你們對它們的看法進行討論，可以使你們更了解彼此的價值觀與渴望。

或許你很自然地被其中一種工作順位模式吸引，或對其中一種模式抱持強烈的反感。每種模式都有優缺點。但是否有某種模式比其他模式更能帶來長久的滿足，讓兩人的關係更加穩固？

每當我和人們談起我對雙薪家庭的研究時，我總是問會聽眾，他們覺得哪一種工作順位模式最好。通常大家的想法都各不相同，但多數人都說，有人告訴過他們，或者是他們曾經在某個地方讀到，採行主要／次要模式是最能迎向快樂人生的方法。我問他們可能的原因是什麼，結果他們說，在這種模式底下，夫妻雙方的角色都很明確，較少引發衝突，在面對現實層面的問題時，也較容易做出選擇。同樣的道理，人們往往會說，輪流模式最不可行，因為不清楚夫妻何時該轉換角色。

這聽起來很合理。但我的研究顯示出不同的結果。在那些自認事業成功、生活美滿的夫妻當中，最受歡迎的是雙重主要模式。雖然這些夫妻很快就提到，採用這種模式非常辛苦，但他們認為這是一個關乎自尊的問題。

這項發現令我深感興趣。我的第一個反應是，這應該是反映了雙重主要模式的平等本質，以及我們這個時代的精神。當社會日趨平等，這種較為平等的模式應該會讓人們獲得更高的成就，帶來更大的滿足感。然而，我聽到夫妻們告訴我各式各樣的故事，察覺成功者與失敗者之間的差異，使我覺得這種解釋過於簡化。這讓我確信，沒有一種通用模式能造就圓滿的感情。客觀上來說，真的有某種工作順位模式比其他模式更好嗎？

為了進一步探究這個問題，我仔細檢視所有自認事業成功、愛情圓滿的夫妻，無論他們的工作順位模式是什麼。我試著找尋他們之間的共同點，結果發現，他們都明確地談論，並針對如何排定彼此的工作順位達成共識，而不是放著這個問題不管。這一點很重要。我得再說一次，他們都謹慎地面對這樣的問題——「我們該怎麼解決這個難題」。

這項發現說明了，為什麼採用雙重主要模式的夫妻通常都享有較大的成就。這種模式的特性使夫妻必須坦率地溝通，同時建立關於工作順位的明確共識。他們必須設立彼此都同意的底限、建立自己對公平的定義，當意見出現分歧時，也會小心處理。因此，雙重主要模式在某種程度上是可行的，因為它迫使夫妻更謹慎地溝通工作順位的問題。

在一段關係裡，坦率溝通的重要性自不待言。（你可能會說，這是常識。）但在研究這些夫妻的過程中，我發現有很多夫妻都在缺乏討論的情況下，就採行或更改他們的工作順位模式，這令我十分訝異。

讓我們回到雪柔和馬克的故事。（我在第2和第3章提過他們。）馬克沒有事先徵求妻子的同意，就接受了一份新創公司的工作。他必須長時間工作，迫使雪柔在工作一整天的狀況下，還得自己負責照顧剛出生的女兒。實際上，他們只因為馬克在醫院興奮地告知這件事，就從雙重主要模式轉換至主要／次要模式。雪柔已經預料到這個選擇帶來的壞處，為什麼她沒有表示抗議？又為什麼許多夫妻也如此隨意就做出關於工作順位的選擇？

工作順位的問題是非常個人的事。它直接指向人生中最重要的幾個問題——「我們想從人生中獲得什麼？」「我們的目標是什麼？」「作為夫妻，我們追求的是什麼樣的生活？」，以及「誰要負責做決定？」這些問題關乎權力，是很多夫妻都害怕面對的部分。班（Ben）和露辛達（Lucinda）的故事也說明了這一點。

＊

班和露辛達最近剛結婚，正在整修他們的公寓，並思考著什麼時候生第一個孩子。班在一家醫療器材公司擔任業務員，週一到週四，他通常都出差在外。露辛達則在一家消費品公司擔任產品經理，很少離開他們居住的城市。雖然露辛達很想有個孩子，但這個決定將對他們的工作與生活造成不少影響，這令她很苦惱。

露辛達告訴我：「現在我們兩人的工作都同樣重要。但我知道，當我們有了孩子之後，我就得退讓，因為班幾乎一整個星期都不在家。我還能怎麼辦？」她可能必須減緩職涯發展的速度，因此感到不滿。在她看來，這是唯一的選擇。

相較之下，班對成為父親滿心期待，他覺得自己已經知道「該怎麼克服」這個問題。他打算在總公司轉任內勤，這樣他就有更多時間可以花在孩子身上。「我絕不會錯失這些樂趣，」班在另一次訪談中跟我說，「我也不希望露辛達的工作受到影響。」

露辛達和班竟然對為人父母後的生活有著如此不同的看法，讓我十分驚訝。思考著他們為什麼不曾和對方交換意見，我發現，他們都已經先預設立場，這阻礙了他們的溝通。露辛達深信，她將變成家中的次要工作者，所以她逃避溝通，以免證實自己的恐懼。與此同時，班則確信這不是什麼大問題，那為什麼要提？

總而言之，關於「哪一種工作順位模式最好」這個問題，答案令人感到意外——這三種模式都能造就圓滿的伴侶關係。前提是你和另一半坦率、明確地溝通，並根據你們真正的感受、需求、恐懼與渴望，一起做出決定。如此一來，你們就不會為了另一半的工作妥協。你們謹慎地選擇，要成為怎樣的夫妻；你們的犧牲是為了將生涯規劃付諸實現。

育兒模式與性別角色的困境

並不是每一對夫妻都有孩子，但對那些有孩子的夫妻而言，找出彼此都能接受的育兒模式也很重要。

在過去十五年裡，父母親在孩子身上付出的時間與精力大幅增加。一九九〇年代中期，母親平均每週花十三個小時照顧孩子，父親則平均花四個小時在育兒工作上。到了今天，母親平均每週花十八個小時照顧孩子，父親則花九個小時在育兒工作上。[3]所有證據都顯示，有兩個因素造就了這個趨勢，一個是社會壓力，一個是個人選擇。換句話說，不只是社會期待我們在孩子身上花更多時間，我們也不想錯過他們的童年。

此外，人們普遍因為無法花更多時間在孩子身上而懷抱罪惡感，顯然男性與女性都對怎麼好好地照顧孩子，同時又能安排自己的生活，感到矛盾。

事實上，在我訪問的雙薪父母當中，有些人擔心他們的孩子過得比那些由父母親全職照顧的孩子差。他們因為不能參加每一次的校內活動、協助孩子完成每一份作業，以及有時由其他人負責照顧生病的孩子而感到內疚。他們擔心，無法全職照顧孩子會對他們造成某種傷害——導致心理或社交障礙、學業表現不佳、覺得自己被拋棄等問題。

由於社會規範對父母親施加壓力，這些恐懼是可以理解的，但它們並沒有事實根據。許多研究都證實了這一點。發展心理學家曾經對孩子進行追蹤研究（有些案例甚至長達十五年），評估他們的認知能力、情緒發展、社交技巧、建立並維繫親密關係的能力，以及其他特質。他們針對由父母親全職照顧和父母親都有工作的孩子，比較評估結果。

結果顯示，兩者在各項發展和身心健康方面都沒有差異。真正重要的是，孩子與父母親和其他照顧者的情感緊密程度。[4]無論這些為人父母者是否外出工作，當他們之間的關係極為親密時，孩子就能健康快樂地成長。[5]

如果你還是很難擺脫身為職業父母的罪惡感，請記得，這種罪惡感絕大部分是因為文化造成的。在英國（我的家鄉）或美國時（我經常在美國工作），我聽到很多雙薪父母訴說自己的內疚。但在法國（我在這裡定居），很少人會這樣做。雙薪父母的「失職」沒有事實根據，只是我們自己這麼認為而已，我們可以選擇不要再這麼做。

因此，讓我們拋開罪惡感，接受養育孩子最基本的現實。事實是，所有夫妻（無論雙薪與否）都將某些育兒工作外包出去——交給家人、學校、托兒所或保姆。這不是現代才有的現象。在許多傳統社會裡，當父母親外出工作時，都是由家族裡的長輩負責大部分的育兒工作。時至今日，將育兒工作外包出去，依舊使你們有更多時間和孩子相處。思考怎麼運用這些時間，以及如何分擔責任與享受孩子帶來的喜悅，對你們之間的關係有著重大影響。和排定工作順位一樣，謹慎選擇育兒模式是非常有幫助的。這裡有三種模式可以考慮。

主要照顧者模式

在主要照顧者模式（lead-parent model）底下，由其中一人扮演主要照顧者的角色，承擔大部分的育兒責任。這不只是時間的問題。這個人必須對孩子周遭的一切瞭若指掌，並且給予他們支援——知道哪一天有體育課、打預防針的時間、他們好友父母親的電話號碼、班上死黨的名字；知道何時有校外教學，需要準備午餐，以及如何一起搭車去看足球賽等。有位和我很要好的同事，因為扮演主要照顧者的角色，被三個兒子比喻為家裡的中央電腦系統。儘管她和丈夫共同分擔多數育兒工作，他們都預期，她知道什麼時候會發生什麼事，並隨時處理突發狀況。他就像是她的「員工」一般。

主要照顧者模式的好處是角色明確。不只是父母親，孩子也知道由誰承擔主要養育責任，因此感到較為輕鬆自在。此外，當主要照顧者真的很想扮演並享受這個角色時，他將感到十分滿足。當然，這種模式的壞處是，在家庭的重要時刻，次要照顧者可能會覺得自己被排除在外。最後他甚至可能會因為「錯過孩子的成長」而感到無比遺憾。

輪流模式

和工作順位的輪流模式一樣，在這種模式底下，夫妻必須輪流扮演主要照顧者的角色。有些夫妻每三到五年進行角色互換，這個時間點也許正好和主要與次要工作者之間的轉換一致。其他夫妻則是在其中一人面臨高強度工作時，暫時扮演主要照顧者的角色。和工作順位的輪流模式一樣，這種模式的壞處是，對於何時轉換角色，兩人可能很難達成共識。

共同照顧模式

在共同照顧模式（co-parenting model）底下，夫妻一起扮演主要照顧者的角色。他們通常會平均分配在育兒工作上投入的時間，共同分擔「中央電腦系統」的工作。比方說，其中一人負責處理所有和體育課、醫療保健、家庭作業有關的事，另一個人則負責幫孩子安排所有的社交與音樂活動，以及與老師聯繫。

和你猜想的一樣，所有育兒模式成功的關鍵都在於，父母雙方謹慎地選出這種模式，它與他們的工作順位模式也正好互補。這不是很顯而易見的事嗎？或許是如此，但許多夫妻都隨意做出選擇。有時候，他們的育兒模式沒有跟上工作順位的轉換。這種不一致多半是由性別期待所導致。比方說，根據統計，女性通常比男性在育兒工作上投入更多時間；即便夫妻雙方都一致同意採取共同照顧模式與雙重主要工作順位模式，也往往是如此。

我經常聽到雙薪夫妻說，他們之所以決定採行共同照顧模式，有一部分是因為兩人凡事都想親力親為，另一部分則是因為他們都不想減緩職涯發展的速度。然而，他們之間往往存在著明顯的不平衡。比方說，我訪問的某位女性就說，雖然她的丈夫是一位凡事親力親為的父親，他們都認為，他只是「她的助手」。她進一步說明：

週六早上吃早餐時，他總是會問：「我這個週末可以做些什麼？」儘管我從他身上獲得的幫助，遠比我的朋友從丈夫那裡得到的多，問題在於，他只是在「幫」我。我顯然還是主導這一切的人。

我們可以思考，是什麼原因造成這種落差（很多夫妻都會這麼做）。或許有些男性只是在一旁等著女性指揮；或許有些女性展現出她們想主導一切的慾望。或許兩者皆是。事實是，就連堅信男女平等的夫妻，也很難擺脫傳統性別角色。從大眾媒體的報導乃至微妙的人際互動（像是要詢問問題或安排活動時，老師很自然就會打電話給學生的母親），我們的周遭每天都以各種方式助長並強化這種傳統角色。

傳統性別角色一直存在，這說明了為什麼有些女性是家中的經濟支柱，卻依然比男性花更多時間在育兒工作和家務上。很顯然，即便在最講求平等的社會裡，要讓男性與女性對家庭均等地付出，我們都還有很長一段路要走。所以請特別注意，儘管你和另一半真的想要採行共同照顧模式，傳統性別角色也可能會對你們的行為產生深遠的影響（無論你們有沒有發現）。

可行的做法：一起做選擇

要相互依賴、避免陷入各自獨立的困境，你們必須做出選擇。慎重地做決定，意味著告別珍貴的獨立生活，但你們仍舊保有自由。想做到這一點，夫妻必須一起選出最適合自己的工作順位與育兒模式，以此作為平常做決定時的依據。這將影響到兩人的生活品質。無論你們的選擇是什麼，知道自己已經做出決定，並將這些決定付諸實行，就能帶來很大的滿足感，覺得自己能夠掌控一切。

當然，說比做容易。決定該以哪一個人的工作為優先，以及哪一個人奉獻更多時間與精力照顧孩子，是涉及情感的問題，光是理性地列出各種利弊得失，無法找出答案。那要怎麼談論這件事並做出決定，才能讓你們都覺得自己享有自主權，而且可以開心地實行一段時間呢？

討論彼此的中期職涯與生涯目標（接下來的五年），是一個很好的開始。一起談論工作順位與育兒模式，將使你們更明白如何找出合適的做法。

很少人徹底了解，自己對愛情與職業生涯的期望是什麼。有些期望可能不太明確。此外，適合你們的做法會隨著時間改變。但若是你們著眼於接下來的五年，也許就會知道自己想擁有什麼樣的工作與人生經歷，訂出明確的目標。以下這些問題或許可以幫助你們擬定目標清單。

・你有一個以上的職涯目標嗎？

你的目標可能包含了某些具體事項，例如「晉升至管理階層」「成為自由工作者，並至少擁有三個客戶」，或「為了取得某項專業證照，完成相關訓練課程」。其他目標則代表你想獲得的經歷，例如「承接能持續學習的工作」「負責可以磨練領導能力的專案」，或「從事有意義的工作，對當地居民有所貢獻」。

・**你的企圖心有多大？**

在接下來的五年裡，你是否努力打好基礎，逐步邁向職涯高峰？（無論你怎麼定義這件事。）你是否試圖保有目前的成就、名聲、權力和收入？或者你的長期目標介於這兩者之間？

・**身為父母親，你比較想扮演什麼角色？**

如果你有孩子或打算生孩子，你想成為怎樣的父母？在育兒工作中，哪些是最重要的事？你希望另一半扮演什麼角色？

・**在你和另一半的關係裡，哪些是最重要的事？**

在你們的生涯規劃中，你希望能為哪些活動保有時間與金錢？它們可能包含了旅行、運動、個人嗜好、對文化或藝術的愛好、社區活動等。

・**在你的生活中，還有哪些事對你很重要？**

你是否想在某個國家、地區或城市居住，或者不想離開那裡？你想要開始或繼續從事哪些休閒、健康保健、文化、社交或宗教活動？哪些家人和朋友對你最重要？你是否想參加某項課程？在死去之前，你有什麼想達成的目標（和工作無關），例如寫一本書、攀登吉力馬札羅山（Kilimanjaro）、參加合唱團、學習做出一手好法國菜？這些渴望將如何建構接下來的五年？

＊

請試著花一天以上的時間，和你的另一半談論這些話題（沒有任何預設立場）。若你能空出一整個週末更好！在這段過程裡，你會更了解你自己和你的伴侶，甚至可能會重新發現某些初次見面時，令你們歡欣雀躍的個人特質。

當你清楚知道你和另一半的目標之後，你們必須思考如何規劃你們的人生，讓你們能成就彼此。你們可能得相互妥協——兩個人在一起，這一點幾乎無法避免。你們要想出一套計畫，這套計畫將使你們在短中期內，用自己想要的方式，獲得多數想要的東西。

多數夫妻都認為，最困難的部分在於，選定一種工作順位模式，然後規範如何實行。比方說，你們都同意採用輪流模式，誰要先扮演主要角色？為期多久？什麼樣的職涯里程碑——獲得重要升遷、達到特定年薪，或取得其他成就，意味著主要與次要角色應該互換？

職涯藍圖的功用

有一項練習可以讓選擇工作順位模式變得容易一些，那就是畫出你預期的職涯道路。試著思考有哪些你想仿效的對象，以及他們曾經面臨哪些職涯轉捩點。從這些路徑，你也許就能推斷自己的職業生涯將遵循何種模式發展。有些職業（包含醫療、學術研究與法律相關工作）在向上發展前，必須先經過長時間且薪資微薄的實習。其他職業，例如在大型跨國企業工作，必須搬到其他地方居住，才能有所成就。有些職業經常快速發展，偶爾緩慢成長，有些職業則一路全速前進。還有一些職業，像是連續創業家（serial entrepreneur）[*3]，會經歷探索、成長、成熟發展，最後離開公司的一連串循環，這或許將重複三到五次以上。

描繪你和另一半嚮往的職涯，接著相互比較。找出兩者之間的相似與不同之處——各種高低潮、薪資成長與停滯、壓力較大與較小的時期，使你們對未來可能會面臨的機會與挑戰做好心理準備。此外，這麼做也可以協助你們在思考如何排定彼此的工作順位時，想出富有創意的方法，這些方法能帶來最大的滿足感，同時也對你們深具意義。

＊

艾莉森（Alison）和大衛（David）相識時，是艾莉森在醫學院就讀的最後一年，她即將在腫瘤科展開為期五年、薪資微薄的實習。另一方面，大衛已經工作了十年，他從基層一路晉升，在一家全國性製造商擔任總經理。談論彼此可能會經歷的職涯模式，能幫助他們找出一個好方法，讓兩人的工作相互配合。他們知道接下來的五年，艾莉森每週都得長時間工作，但她可以選擇搬到其他地方居住，因為全國各地都有許多教學醫院的腫瘤科提供實習的機會。與此同時，大衛的工作節奏快速，每幾年就必須派駐到其他地方，這通常都是由公司安排，他沒有什麼主導權。

因為有這些預期，他們決定在艾莉森實習期間，由大衛擔任主要工作者。無論公司派他到哪裡，他都接受，艾莉森則將在離他工作地點不遠的醫院實習。五年後，

＊3　對資深創投和天使投資人而言，連續創業家指的是有超過一次成功創業經驗的創業家。

當艾莉森快要畢業時，主要與次要角色將會互換。那時，艾莉森必須選擇在某些地區的大學附設醫院擔任腫瘤科醫師，完成她的夢想。找出這樣的轉折點，使艾莉森和大衛明白，輪流模式是最適合他們的。

此外，描繪自己的職涯也讓你們對即將面臨的困境做好心理準備。當你們暫時試行某種工作順位與育兒模式時，請用這張「職涯藍圖」預測未來。試著思考以下問題：

職涯藍圖

- 在一年、三年和五年內，我們可能會對這些職涯與育兒選擇有什麼感受？
- 當我們從未來回顧現在這些選擇時，我們能否預料到，我們關上了某些職涯發展的大門，我們或許希望它們依然開啟。在一年、三年和五年內，我們會怎麼回答這個問題？
- 在想到自己的家庭生活時，我們是否做出了將來可能會後悔的決定？在一年、三年和五年內，我們會怎麼回答這個問題？

我們所做的每一個選擇都有其風險與壞處，但上述思考讓我們得以修正自己的選擇，降低某些風險——**遺憾來自於默許其中一人的決定，或沒有做任何決定**。比方說，你們選擇採取主要／次要工作順位模式。對於擔任次要工作者的一方，你們能否確保他的職涯發展的速度沒有減緩太多，導致轉換至雙重主要或輪流模式變得困難？同樣的道理，如果你們決定採用共同照顧模式，你們是否都同意，你們會設法避免扮演偏頗的傳統性別角色？

當然，畫出未來的職涯道路，然後偶爾重新檢視這些期待，無法使你們掌控未來。這麼做只是幫助你們在因應人生大事時，做出適合你們的選擇。此外，這張職涯藍圖也將讓你們注意到，何時該搬到其他地方居住，並且重新思考這些選擇，甚至改變它們。

變得相互依賴

當夫妻成功度過第一次轉變的掙扎期時，他們變得相互依賴。兩人都接受這樣的狀態——他們必須這麼做，才能履行共同責任、因應人生大事，並實現他們的目標。這不代表，夫妻雙方的權利、義務與權力完全相同，也不代表他們的人生完全融合在一起，追尋相同的目標、擁有相同的渴望。但**這表示他們決定共同努力，確保兩人都做出選擇，同時也能有所成就**。他們互相認可、尊重，在彼此的成敗中扮演重要角色。

夫妻要變得相互依賴並不容易。他們必須進一步探究、處理現實層面的問題（下個週末，我們要參加哪一場工作會談？這次輪到誰要去托兒所接女兒？）背後，關於工作與生活的深層問題。若你們可以謹慎地做到這一點，你們就能在第一次轉變期間規劃出一條路，並且在第二次轉變到來前，一同攜手成長。

我們該怎麼解決這個難題？

♥ **轉變的本質**

原本各自獨立工作與生活的兩個人，開始必須相互依賴。

♥ **契機**

夫妻一起面臨的第一件人生大事，例如搬到其他地方居住、獲得重要的工作機會、罹患嚴重疾病、孩子剛出生，以及決定帶著前一段婚姻的孩子共組家庭等。

♥ **關鍵問題**

我們該怎麼解決這個難題？

夫妻必須思考，在面臨人生大事時，如何重新建構他們的人生，讓兩人都能擁有成功的事業與圓滿的愛情。

♥ **困境**

・過度仰賴雙方的經濟條件來做決定。
・忽略這些決定所帶來的長期影響。
・太著重現實層面的挑戰。
・做得太多。

♥解決方法

針對如何排定彼此的工作順位、分擔家庭責任達成共識，妥善因應人生大事。規劃出一條路，並朝同一個方向邁進，直到第二次轉變到來。

♥工具

・共同協商：溝通彼此的價值觀、底限與恐懼，將幫助你們規劃出一條路，並攜手朝同一個方向邁進（第2章）。
・對付繁重家務的策略：謹慎地分配家務工作，藉此緩和緊張與衝突（第3章）。
・職涯藍圖：預測未來的職涯樣貌，能使選擇工作順位模式變得容易一些（第4章）。

♥思考重點

・怎麼談：如何避免錯誤的溝通模式，同時向對方表達體貼（第2章）。
・如何一起做選擇：思考幾個問題，將讓你們做出更好的決定（第4章）。

第二次轉變

我們真正想要的是什麼？

5

遇到瓶頸

「一切都從一個夢開始，」馬修（Matthew）告訴我，「我夢見我和我的上司在我最喜歡的餐廳裡用餐，他為我們點了兩個巧克力甜點。這甜點看起來很美味，但我實在不想吃。我不能從他面前拿走它。」

那時，馬修四十二歲。在此之前，他的人生就像搭上了「成功列車」。也就是說，他在工作上很有成就，但除了選擇旅伴和目的地以外，大多數時候，他都覺得自己只是這台列車上的乘客。大學畢業後，馬修取得國際管理碩士學位。他在班上遇見了詹姆斯（James）。他們都是很認真的學生，也對工作懷抱企圖心。兩人惺惺相惜，迅速墜入愛河，並開始計畫一起生活。馬修在醫療產業，詹姆斯則在營造業工作。十八年來，他們從基層一路晉升。他們已經順利度過第一次轉變，共同建構出美滿的家庭與生活。在這之後，他們成為人們眼中的成功人士——兩位英俊挺拔、為工作盡心盡力的年輕主管，十分受同事歡迎。那為什麼這個夢境會令馬修如此困擾？

因為他認為，它具有重大象徵意義。他是這麼告訴我的。他眼前看似有許多誘人的機會，但它們都太過沉重，無法帶給他快樂，或為他的人生賦予意義。如果接受了，將來恐怕會後悔。這個夢境意味著他的內心情緒滿溢，同時充滿各種疑惑——「我的人生都在做些什麼？我是否該換一條路走？」馬修知道自己非常幸運，因此對這些懷疑感到不安。然而，他一直很焦慮。他開始思考其他可能性——放棄在私人企業工作，找尋其他薪資較低，但更有成就感的工作。

大約就是在這個時候，詹姆斯獲得了晉升至資深管理階層的重要機會。這個職位需要經常出差，但無須搬到其他地方居住。詹姆斯很興奮，馬修卻覺得很苦惱。現在他的這些懷疑彷彿是種背叛。「我和詹姆斯都是那種懷抱雄心壯志的人。如果我改變人生方向，他還會愛我嗎？」

馬修開始對詹姆斯隱藏自己的感受，也是他們建立關係之後的第一次。詹姆斯因此以為，馬修已經對這段關係感到厭倦。「我們認識其他在四十歲出頭分開的夫妻，」詹姆斯告訴我，「我開始思考，他是否還想跟我在一起。我甚至懷疑他有外遇。」

在暗自煩惱、擔憂了半年之後，馬修和詹姆斯一起到海邊度假。第一天晚上，當他們坐下來享用漢堡和薯條時，詹姆斯用銳利的目光看著馬修。他深深地吸了一口氣，然後說：「所以你要跟我說發生了什麼事嗎？」

展開第二次轉變

短暫的懷疑、令人困擾的夢境與煩惱的問題，都意味著第二次轉變的開始。當夫妻步入中年時，因為面臨一連串新挑戰，他們在第一次轉變結束前規劃出的共同道路開始行不通了。第一次轉變期間，他們努力應付那些引發轉變的人生大事，現在他們則必須面對各種存在問題，並消除對人生根基與方向的懷疑。若第一次轉變要人們認可自己的選擇，第二次轉變則要他們對這些選擇提出質疑。當我們越認可自己的選擇時，就越難質疑它們。

這些疑惑看似憑空出現，它們悄悄地向人們襲來，打亂了原本順遂平靜的生活。

實際上，它們已經醞釀多時。這些疑惑長年累積，直到它們足以被察覺。它們通常一開始只是小問題——「這是我想要的工作嗎？」「我對什麼事滿懷熱情？」但很快地，它們就擴及其他層面——「這是我想要的感情嗎？」「我是否變成了自己想要的樣子？」「我在有生之年該做些什麼事？」

這些疑問的來源很單純；我訪問的許多夫妻都很幸運，擁有適合自己的感情與工作，卻承受著各種要求。他們擁有足夠的資源與支持，可以滿足這些來自工作與社交生活的要求，使他們以為，自己會這麼做是出於自願。但從某個時候起，其中一人開始自問：「為什麼我要承受這一切？我還要忍受多久？」

我發現，夫妻最常在四十幾歲時面臨這些疑惑，進而引發第二次轉變。在這個階段，他們已經有足夠的工作與人生經驗，能反思自己的成功、明白自己的極限，因此不想浪費剩餘的潛力。此外，如果他們夠成功，也會變得比以前更不想付出代價。無論他們的評價是否正面，都將引發更多問題。奧斯卡・王爾德（Oscar Wilde）[*1]曾說：「上帝用兩種方式給我們考驗，一種是否定我們的夢想，另一種則

*1 奧斯卡・王爾德，愛爾蘭作家、詩人、劇作家，是英國唯美主義運動的倡導者。

是認可它們。」若你已經有所成就，也實現了某些夢想，你會問自己：「這一切都是為了什麼？我的人生就只是這樣了嗎？」如果你自認輸給同儕、沒辦法完成夢想，你則會自問：「我現在要做些什麼」，然後沮喪地發現，自己可能永遠都無法達成這些目標。

人們在步入中年後，往往會急切地想要開創新的人生。因為有很多文獻都提到這樣的需求，某些心理學家將它視為一種普遍存在的現象。無論這是一種與生俱來的需求，還是因為受到社會體制對年輕人的束縛所導致，對哲學家而言，都是一個值得探討的問題。事實上，多數人在二十、三十幾歲時，為了獲得工作機會與社會地位，都非常努力（我訪問的很多夫妻也是如此）。當他們邁入四十歲時，會更渴望從各種責任中解放。

從陷入困境到追尋自我

在四十歲之前，不管我們願不願意承認，我們多數人都遵循其他人——父母親、朋友、公司同儕的生涯與職涯。大學畢業後，我們可能會進醫學院就讀[*2]，並追隨父母親的腳步，成為一位家庭醫師。我們或許會成為一位工程師，因為在我們的社會裡，聰明人都這麼做。一開始，由於不確定要做什麼工作，我們或許會進入管理顧問公司或銀行上班，因為在同儕之間，這象徵才能與社會地位。我們不僅依照他人的期望做事，也成為符合他們期待的人——努力工作的勞工、善體人意的管理者，或是認真勤奮的部屬。周遭的期望形塑了我們最初的外在形象與生涯，不代表我們很軟弱，或缺乏自我覺察。在人生的早期階段，這種共通模式通常很管用，任何曾經因為受到嚴格指導而獲益的人都明白這一點。然而，它只是短期內有用而已。

為了迎合社會期待，人們建立這樣的外在形象；到了四十幾歲時，他們的心裡浮現出許多疑惑，代表他們的「真實自我」初次和這種外在形象對抗。當人們第一次意識到，他們過的不全然是自己的人生時，他們往往會覺得自己被困住了。他們知道不可以繼續走目前的路。他們想根據自己的渴望重新規劃一條路，而不是繼續迎合他人的期待。他們因此陷入了困境。

第二次轉變的發展任務，是不再迎合社會的要求與期待，同時思考彼此想從工

*2 在美國，要申請就讀醫學院之前，必須先取得學士學位。

作與親密關係中獲得什麼，並以此為目標。我把這項任務稱作「相互個體化」。卡爾・榮格（Carl Jung）[*3]是第一位針對「個體化歷程」進行說明的心理學家；在這段歷程中，人們依照自身興趣與渴望形塑自我，並規劃自己的人生。榮格認為，雖然個體化是一段混亂的過程，卻對人格的健全發展有著重大影響。他主張，唯有經歷這段過程，我們才能擺脫自己「該有的樣子」，成為真實的自我，並且活出屬於自己的人生。[1]

我之所以把第二次轉變的發展任務稱作「相互個體化」，是因為想成功度過這次轉變，夫妻必須支持彼此追尋自我，同時根據兩人的興趣與渴望，重新規劃出一條路，並攜手朝同一個方向邁進。

我訪問的許多雙薪夫妻都覺得這次轉變令人卻步，就像馬修和詹姆斯，他們一開始都設法逃避。由於馬修和詹姆斯都是懷抱雄心壯志的人，追尋自我彷彿是種背叛，因此感到恐懼。這說明了為什麼我們會逃避第二次轉變。因為至少從表面上看來，想追尋自我、活得更像自己的渴望，似乎會對夫妻關係造成威脅。

抗拒第二次轉變

要邁入第二次轉變並展開個體化歷程，夫妻必須承認，他們在第一次轉變期間規劃出的共同道路已經行不通了。這麼做會使很多東西——他們在這段期間發展起來的自我認同、親密關係與職業生涯，變得岌岌可危。他們必須對目前的生涯提出質疑。

難怪他們會抗拒——「我應該要知足」「日子過得好好的，幹嘛沒事找事」「我背負了太多責任，沒有閒工夫自我懷疑」。我聽到夫妻們這樣告訴自己，試圖消除心中的懷疑。由於對第二次轉變感到矛盾，讓很多人裹足不前。

*

當我第一次訪問班傑明（Benjamin）時，他已經對自己的工作與生活產生懷疑將近一年，卻一直逃避這個問題。他是一位資安專員（IT security specialist），一直對電腦科技深感興趣；他順利取得資訊工程學位，並接連進入幾家中型公司工作。然而，去年一整年，他變得很想探索其他可能性，所以感到越來越不安。曾經促使

*3 卡爾・榮格，瑞士心理學家、精神科醫師，是分析心理學的創始者。

他從事資安工作的那些因素——幫周遭的人解決問題、避免他們受到傷害，現在都令他倒盡胃口。他必須幫助那些他口中的「電腦白痴」，讓他十分厭惡。他負責帶領一個團隊，卻開始因為和團隊成員處不來而感到焦慮。但他還能怎麼辦？他不停地跟自己解釋（我想，比跟我解釋還要多），為什麼他「不可能」重新審視自己的人生，並考慮換一條路走。他認為，他沒有時間，也沒有精力這麼做。

三年前，他和一位名叫佐伊（Zoe）的實驗室分析師開始一段關係。在這之前，他們各自有過一段婚姻。他們都和前妻、前夫有孩子；班傑明有兩個女兒（分別是七歲和九歲），佐伊則有一個五歲的兒子。就像許多再婚夫妻一樣，他們也必須應付繁瑣的生活。班傑明深愛著佐伊。他很欣賞她對工作的付出；他們彼此坦誠，讓他非常珍惜。（這是他在第一段婚姻裡極度缺乏的。）然而，要安排他們的生活，是很費功夫的一件事。

班傑明和佐伊很快就度過第一次轉變，原本各自獨立生活的兩人，變得相互依賴。佐伊的兒子平日和他們住在一起，隔週末則和他的父親相聚。班傑明的女兒正好相反。因此，佐伊和班傑明幾乎沒有時間單獨相處。更麻煩的是，班傑明的父母親年事已高（他們住在附近），而他的母親剛被診斷出阿茲海默症。班傑明預期，日後照顧母親將是一件苦差事。他背負了這麼多責任，要怎麼把重心放在自己身上？

儘管班傑明說，他很珍惜自己和佐伊彼此坦誠，他還是覺得，最好不要讓佐伊為了他的自我懷疑而煩惱。果然他開始意識到，兩人的距離變得越來越遠；他擔心自己又會重蹈覆轍。當我訪問佐伊時，她說她也有同樣的感受。她沒有察覺班傑明心裡的疑惑，以為他開始對這段關係感到厭倦。雖然班傑明發現這樣的轉變，他試著說服自己，因為身上的責任日漸重大，不說出這些懷疑是最好的做法。

不只是班傑明遇到這種狀況。當夫妻展開第二次轉變時，他們都背負著龐大的責任。四十幾歲時，人們在公司裡變得更資深，也可能會帶領一個團隊，有一群依賴他們的部屬。他們有房貸、年金保險費和醫療費用得繳，如果他們有孩子，還必須將他們撫養長大。此外，有些人在四十幾歲時，開始照顧生病的父母親。種種責任使投入自我成長顯得任性，要改變太冒險。因此我發現，很多人不僅對自己，對另一半也不承認這些疑惑的存在。然而，就像班傑明和佐伊，以及馬修和詹姆斯的故事告訴我們的，即便沒有明確承認或說出內心的煩惱，他們的伴侶通常都感覺得到。

急著進行第二次轉變

有些人藉由逃避心中的疑問、繼續走目前的路，來抗拒第二次轉變，有些人則在處理這些疑惑時過於倉促，匆匆忙忙就走上新的道路。以卡拉（Carla）為例，她在四十三歲時面臨引發第二次轉變的典型問題與質疑。她開始懷疑，設計公司枯燥乏味、耗時費力的工作是否真的適合自己。此外，她也想花多更多時間追尋自己的愛好。身為一個積極行動派，卡拉立刻做出轉變。某天晚上回到家，她告訴她的丈夫法蘭西斯柯（Francesco），她將辭去她的工作，並建構多樣化的工作組合（portfolio career），其中包含了她已經著手進行的幾項設計案，以及一些志願服務工作。法蘭西斯柯極為震驚；當卡拉離職並開闢新的生涯時，他竭盡全力，不讓家中的財務狀況受到影響。

九個月很久快就過去了。卡拉反而變得更加不安；她不再只是對工作，而是對自己的生活方式產生懷疑。「我一直東奔西跑，」她說，「我甚至不明白是為了什麼。我在追尋或逃避些什麼？我想要從人生中獲得什麼？我已經都不知道了。」卡拉的轉變沒有讓她內心的疑惑消失，這令她十分困惑。她明白自己迫使法蘭西斯柯成為家中的主要收入來源，帶給他巨大的壓力。讓她感到羞愧的是，她的改變並沒有為她帶來平靜。她也覺得很害怕。他會支持她再次調整方向嗎？

許多人都和卡拉犯了同樣的錯誤——將外在改變與完整的轉變混為一談，以為換工作是這些疑惑的唯一解答。這些問題的關鍵在於，我們得改變我們的內在；我們必須轉變生活方式——用不同的方式看待人生、關注不同的事物，同時以不同的事情為優先。對有些人來說，這麼做會帶來新的行為模式——換新工作、培養新興趣，有些人甚至換了新伴侶，但他們必須先從內在改變，進而改變外在，以免後者淪為逃避前者的一種激烈手段。

擺脫舊有的模式

所有轉變都從結束開始。在第一次轉變期間，原本各自獨立工作與生活的兩個人，開始變得相互依賴。在第二次轉變期間，他們必須面對的是存在問題。他們心中抱持著懷疑，代表他們不再認同過去的自我；他們過往建立的形象與規劃出的生涯，都只是為了討好他人而已。這次轉變的第一步，就是要思考哪些事不再可行。對卡拉而言，不是她的工作出了問題，而是她不能再「一直東奔西跑」。當你找出這個部分（那可能是你的人生觀、世界觀、看待他人的方式，或是對於你該如何表現自我、該追求什麼的認知），並擺脫舊有的生活方式時，你的轉變才真正展開。

我發現，當人們進一步探究自己正在做的事，並且檢視背後的動機時，就能找出這種生活方式。當馬修（本章一開頭提過他的故事）終於深入探究他不安的原因時，他發覺自己建構了這樣的內心世界——為了變得更有自信，他不停地勉強自己。因為習慣委屈自己，他被困在一台彷彿永遠不會停駛的列車裡，更不用說讓他下車了。對此，他這麼形容：「我把整段人生當作一場競賽。我不只對工作是如此；我也努力成為最好的廚師和跑得最快的跑者。這已經滲透到我生活的每一個層面。」

當馬修意識到這件事之後，他的心裡充滿失落與悲傷。他說：「我記得我曾經是個情感豐富的小男孩，整個下午都坐在父母親的花園裡看書、畫畫。我想把他找回來，並給他更大的發揮空間。」馬修領悟到，他必須找回失落的自我。想做到這一點，他得學會不勉強自己。

要擺脫舊有的形象與生活方式，是很困難的一件事。這麼做可以使你繼續前進，在某種程度上，它也算是一種死亡。這等於承認，過去的生活方式無法帶領你到達某個目的地（或許你現在還不知道那是哪裡）。此時，只著重外在改變阻礙了人們的發展。雖然你的轉變可能也包含了外在改變，你必須先從內在進行終結與改變。

如此一來，你就能持續傾聽自己內在的聲音。這一點非常重要。

進入中介狀態

唯有擺脫舊有的生活方式，人們才能進入中介狀態（liminality）——這是第二次轉變期間的重要體驗。民俗學家阿諾德・范吉納普（Arnold van Gennep）首先提出「中介狀態」的概念，之後由人類學家維克多・特納（Victor Turner）進一步闡述；它是指自我認同懸而未決的一種心理狀態。[2]這時，我們正處於新舊的交界。在進入這樣的過渡期時，人們才有機會認識不同層面的自己。他們不再認同過去的自我，卻還沒有找到新的生活方式。在這樣的狀態下，人們努力思考這個問題；此時，自我尚未被重新定義。

傳統上，人們會在角色轉換（通常是成年禮）時進入中介狀態。這時，青少年會離開他們的部落，並由長老帶到舉行成年禮儀式的地方，學習成為一個大人。現在人們多半獨自進入中介狀態，沒有長者引領。[3]當他們進入這種狀態時，就像搭上一艘沒有明確路線的船，不知道該往哪個方向航行。透過規劃屬於自己的航程，同時沿著這條路線航行，他們活出真實的自我。在中介狀態下，我們更願意深入思考與探索——這將加速我們的個體化。如此一來，我們可以深入剖析自己的行為與選擇，為過去賦予意義，並且摸索出新的方向。這樣的轉變不會立刻發生，而是經過一連串的體悟，逐漸了解自己真正想要的是什麼，以及如何達到這個目標。這需要時間。

現代社會講求速度與生產力，但在這樣的過渡期裡，它們卻是一種限制。如同子宮裡的胚胎要長成一個健康的嬰兒，需要九個月的時間，身處中介狀態的人們也需要一段時間，才能發展出獨特的自我。為了和速度與生產力相抗衡，你必須接受，這段過程需要很長的時間；為這段期間的體驗賦予意義，是最重要的一件事。就像擅長探討「轉變」的威廉・布里吉斯（William Bridges）[*4]所說：「進入中介狀態，就能找出解決之道。」[4]當你接受這樣的過渡期，並藉此深入了解「我是誰」「我想成為怎樣的人」時，你自然會逐漸轉變，走出自己的路。

思考與探索

在這段過渡期，思考是最重要的任務。反省過去──「是什麼導致我現在的困境」「我是怎樣的人」「為什麼我會做出這些選擇」，同時也思考未來──「我想變成怎樣的人」「我想從人生中獲得什麼」。在空閒時間裡，你能夠好好地思考。因此，你必須先停下腳步。這些想法或許就在你的心裡，你也可以藉由寫日記、畫畫，或跟其他人談話來思考。有些人會獨自思考。悠閒地漫步、注視洶湧的浪花或壁爐中的熊熊火焰、下午在庭院裡消磨時光，都能帶給我們一段平靜、不被打擾的時光，讓思緒盡情徜徉。

有些人也會和其他人一起思考。和朋友、手足、教練、分析師，或另一半促膝長談時，我們可以分享各種想法、圖畫與書寫記錄。通常只要把你心中的想法與感受大聲地說出來，思緒就會變得清晰。當然，我們很多人都會混用不同的思考方式，慢慢地摸索出最有效的方法。

我發現，那些順利度過第二次轉變的夫妻，從一開始就讓彼此參與思考的過程。這不代表他們都一起思考，也不代表沒有其他人參與，或者他們沒有留時間給自己。

*4 威廉・布里吉斯，美國著名作家、演說家與組織顧問。他指出，轉變分為三個階段──結束、迷惘和重生；轉變總是從結束開始，在結束之後，經過一段時間的迷惘和痛苦，才會有新的開始。

這意味著他們會分享彼此的想法與感受，而不是直接展開新的生涯。他們也許會捨棄舊有的生活方式，但他們會一起找出新的模式。

要反省過去，必須花費時間；要思考未來，你還得掌握相關資訊。這就是另一項重要任務——探索派上用場的時候。探索使我們明白，我們可能會變成怎樣的人、選擇怎樣的道路。這包含接觸陌生領域，了解其他選擇可能會遇到什麼問題，以及認識這個領域裡的人。如此一來，你就知道若走上這條路，你將做些什麼事、成為怎樣的人。就像我的導師荷蜜妮亞・伊巴拉（Herminia Ibarra）在她發人深省的著作——《轉業聖經：全球化衝擊的九個成功策略和三十九個實戰建議》（*Working Identity: Unconventional Strategies for Reinventing Your Career*）中所說明的，探索有很多種方式。[5]

一種是參加由校友會或當地的職業網絡（professional networks）發起的社交活動。這些組織定期舉辦聚會，是了解各種領域的好方法。有些方法較不正式，例如詢問朋友、鄰居，以及運用其他人脈，請他們介紹從事相關工作的人給你認識。有些方法不太需要與人接觸——閱讀各行各業的人所撰寫的書籍、文章和部落格，也能讓你獲益良多。還有些方法需要主動嘗試——透過影子實習（job shadowing）[*5]、短期借調、從事志願服務工作，實際扮演不同的角色。當然，結合上述方法，盡可能對其他選擇進行全盤了解，是最好的做法。

多數職涯發展的書籍都提供了許多關於探索其他可能性的有效建議。它們較少著墨的地方是，這段過渡期有多令人困惑、焦慮。在逃避一年半之後，班傑明（我先前提過的那位資安專家）終於承認，他必須停止「獨立作戰並保護他人」。即便發現了這件事，他也不知道該怎麼辦。他只知道，自己不能再這樣生活下去；他必須思考，他想變成怎樣的人，以及他真正想從人生中獲得什麼。儘管佐伊支持班傑明進行探索，他們對他面臨的一切都沒有心理準備。

對此，他這麼形容：「我完全失去了方向。我明白我不能回頭，但我也不知道該如何前進。我花了很多時間思考，我是怎麼走到這裡的。我也四處蒐集資訊。我和很多新朋友交談，但過了很長一段時間，情況才開始明朗起來。最奇怪的是，我的外在沒有任何改變；我仍舊去上班、照顧孩子與母親，但我變得有些抽離，內心的情緒不被這些事牽動。」

像班傑明這樣的狀況很常見。身處中介狀態的人們雖然迷失方向，卻潛力無窮。

*5 影子實習是歐美常見的人才培訓方法，學習者形影不離地跟在專業人士身旁，透過近距離觀察，認識並體驗該工作的實際狀況。與正式實習（internship）的不同之處在於，影子實習只看不做，企業通常不會支付工資。

這段期間，我們可以思考自己想要什麼、探索各種可能性，並找出新的方向。這時，我們正經歷個體化歷程，唯有如此，你才會明白自己真正想要的是什麼，以及你想成為怎樣的人。「個體化」這個詞的問題在於，這似乎是你一個人的事。但從來都不是如此。

這從來都不是你一個人的事

當兩個人成為一對伴侶時，他們都在彼此的生命中扮演著重要的角色。第一次轉變期間，他們將原本各自獨立的人生道路合而為一，開始變得相互依賴。此時，他們關注的重點在於，謹慎因應人生大事——商討如何以適合他們的方式，排定工作順位、分擔家庭責任。但與此同時，我也透過研究發現，這些夫妻沒有明確商議他們將在彼此生命中扮演的角色。在我訪問的夫妻當中，沒有人在第二次轉變到來前，明確地談論它們（但所有人都先確立了這些角色）。

如果夫妻在面臨第一件人生大事時沒有妥善因應——陷入第一次轉變的四種困境，選定工作順位、分擔家庭責任的方式也無法成就彼此，他們就會覺得被自己扮演的角色困住，因此感到後悔。若是他們妥善因應，當他們規劃出一條路，並朝同一個方向邁進時，這些角色確實能發揮效用。然而，隨著時間過去，這些角色變成了一種束縛，導致焦慮與懷疑，進而引發第二次轉變。

因此，第二次轉變源自於兩股能量——對自我追尋的渴望（這是生命週期的一部分），以及重新商議角色劃分的需求（這些角色是在第一次轉變時確立的）。這意味著，儘管大多數的夫妻都在中年時面臨第二次轉變，我也看到其他年紀的夫妻經歷同樣的轉變。

在探討第一次轉變的那三章裡，我們針對夫妻排定工作順位、分擔家庭責任的方式進行檢視。其中有些方式，可以讓夫妻擁有成功的事業與圓滿的愛情。在本章，以及第6和第7章裡，要審視的則是更深層的心理共識（psychological agreement）。想順利度過第二次轉變，他們必須重新談論並檢視這些共識。

夫妻不僅分攤實際工作，也分擔彼此的心理壓力。兩人都負責扮演特定角色，捨棄其他角色。其中一人表達情緒，另一個人理性地規劃；其中一人積極帶領整個家前進，另一個人則步調和緩。我們偏好某些角色，當另一半捨棄這些角色時，我們會為了彼此扮演它們，結果它們成了我們的放大版。與此同時，我們也捨棄了自己的某些部分，由另一半扮演這些角色。所以，夫妻倆可能會一直扮演某些角色，鮮少扮演其他角色。這樣的角色劃分讓我們作為夫妻時是一個整體，但作為一個個體時卻不完整。

當人們陷入困境並展開第二次轉變時，他們通常會因為已經失去或尚未發展完全的自我而感到疑惑。（這有一部分是因為，在第一次轉變期間，他們把這個部分交給了另一半。）急著從設計公司離職、成為自由工作者的卡拉（我先前在本章提過她），一直都是個行動派。但當她回顧過去，發現她和法蘭西斯柯之間的關係，使她更常「東奔西跑」。她帶領著他們的家前進——她是主要管理者，除此之外，她也不斷地讓各種瑣事在心裡打轉。她仰賴法蘭西斯柯為他們的生活帶來平靜；他強迫她休息、晚上休假，或單純地放鬆。他能夠適時放空，令她深感佩服。

卡拉知道自己過去也會放鬆，雖然可能不像法蘭西斯柯做得那麼徹底。但當她回顧她二十多歲那段期間，她看到的是更無憂無慮的自己。他們之間的角色對立，加上她的工作節奏快速，讓她變得更拚命。卡拉想在這兩個面向之間重新取得平衡。但要做到這一點，她和法蘭西斯柯必須在他們所扮演的角色之間重新取得平衡。也就是說，如果她要追尋自我，不僅需要他的支持與配合，他也得跟著改變。

一起轉變

夫妻就像任何體制一樣，只要其中一個部分改變，就會影響到其餘的部分。當其中一人改變了他的生活方式時，另一個人也必須跟著調整。儘管人們會說（並打從心底相信），他們支持他們的伴侶探索並追尋自我、找出新的生活方式與行為模式，他們通常都會不自覺地抗拒。我們可以接受另一半改變，只要我們能繼續保有自己的情緒；我們可以接受另一半變得更有企圖心，只要我們不必因此擔心現實層面的問題。我發現，人們普遍都對另一半的轉變感到不安。這代表，他們必須改變他們在彼此生命中所扮演的角色。然而，負面看待這些轉變，是一種錯誤。

當你的伴侶開始抗拒他在夫妻關係中所扮演的角色時，你就有機會找回已經失去或尚未發展完全的自我，使你們變得更加完整。這將令你們的生命更富足。此外，當夫妻中的一人陷入困境時，通常也會使另一個人陷入困境。因為他們會對彼此的發展停滯（developmental stuckness）產生共鳴。這種情緒共鳴（emotional resonance）加深了受困的感受，讓兩人面臨共同的困境，同時也創造出一起改變的機會。

班傑明向佐伊坦承他面臨的疑惑與困境。三個月後，佐伊也開始分享類似的經驗。與班傑明不同的是，她的疑惑和工作無關，而是和她在自己生命中所扮演的角色有關。對此，她這麼形容：「總是有人照顧著我。在某種程度上，我還是個小女孩。小時候，我的父親保護我。大學畢業後，我進入實驗室工作，比我年長許多的同事們都把我當成女兒看待。」她接著說，她的第一段婚姻也遵循同樣的相處模式，直到她的兒子出生後，前夫開始對她精神虐待。「班傑明把我從那段婚姻中拯救出來，並重建了我的自信。」然而，她又回到相同的模式。這樣的模式第一次令她備感束縛。

她想要掙脫這種束縛，並且獨立自主。班傑明和佐伊很快就意識到，他們所面臨的困境其實互有關聯——他困在拯救者的角色裡，她則困在受害者的角色裡。他們目前的心理共識沒有將他們從這些角色中解放出來，反而使它們更加鞏固。

就像班傑明和佐伊的故事所說明的，夫妻在展開第二次轉變時面臨困境，並不代表他們之間的心理共識被打破了，而是他們先前規劃出的共同道路開始行不通了。為了調整方向、走上新的道路，他們得重新商討這些共識。簡而言之，夫妻必須面對這個問題——「我們真正想要的是什麼？」

我們真正想要的是什麼？

無論你們心中的困惑以何種形式出現，它們都揭示了第二次轉變的任務——不再迎合他人的要求與期待，同時思考你們各自想從工作、生活與親密關係中獲得什麼，並以此為目標。因為這次轉變有一部分是在處理角色劃分的問題（你們在第一次轉變時確立這些角色），光是問自己「我真正想要的是什麼」是不夠的。因為你和另一半的人生密不可分，你必須問：「我們真正想要的是什麼？」

和第一次轉變一樣，能成就彼此的夫妻會一起找出問題的答案。不同的是，這當中包含了個人探索（兩人偶爾也會一同思考）。想成功度過轉變，我們必須進行這樣的探索與思考。

在第6章裡，我將探討夫妻在中介狀態下所面臨的困境，以及伴隨而來的掙扎。我關注的重點在於，要脫離這些困境，你們必須給予彼此什麼樣的支持，以及因為相互支持，可以創造出怎樣的正向回饋循環（feedback loop）。接著，在第7章裡，我將會說明，當夫妻思考他們真正想要的是什麼，並且摸索出新的生活方式之後，要怎麼成功規劃出新的人生道路。

第二次轉變非常耗費心力，不是所有夫妻都能順利度過。人生的這個階段，是離婚的高峰期。[6]因此，在正式談論關於第二次轉變的重點之前，我在這裡要先說明，在難關來臨前，要如何鞏固你們的關係。

建立堅實的關係

一段穩固的關係即便面臨考驗，也能繼續維持下去。在第2章裡，我探討了表達體貼，以及給予彼此百分之百的關注，對建構良好的關係有多重要。你和另一半的心態，將是你們能否建立穩固關係的關鍵。

心理學家卡羅・杜維克（Carol Dweck）[*6]主張，人類有兩種心態——定型心態（fixed mindset）與成長心態（growth mindset），它們大幅影響我們的努力動機、成就與人際關係。[7]具備定型心態的人認為，一個人的智力、能力與性格是固定、無法被改變的。相反地，具備成長心態的人則認為，這些特質都是可以透過後天努力培養的。研究也不斷指出，擁有成長心態可以帶來很多好處，但在面對親密關係時，人們不停地從周遭接收到各種訊息，讓定型心態變得更為鞏固。

從年輕時開始，多數人都被灌輸「感情由命運決定」這樣的觀念。父母親講述的童話故事、平常觀賞的電影，以及閱讀的雜誌文章，多半都強調愛情是在找尋那個「對的人」。相信命運讓你和另一半走在一起或許很浪漫，但這種信念反而會妨礙你們建立穩固的關係。原因在於，它造就了定型心態。

具備定型心態時，遇到難題的我們會當作彼此合不來。若是我們意見不合或發生爭執，我們也會判定兩人不適合在一起。當紛爭與衝突產生時，具備定型心態的人較容易疏遠他們的伴侶，不願意給予支持。[8]此外，當他們遭遇困難時，具備定型心態的夫妻更無法包容彼此，就像我在第2章提過的，最後可能會導致兩人不歡而散。[9]

相反地，具備成長心態的人則認為，當夫妻一起克服難關時，他們的感情也會跟著成長。如果兩人意見不合或發生爭執，他們會判定，他們必須在這段關係上投入更多心力。當紛爭與衝突產生時，具備成長心態的人較容易正向思考，設法解決這些難題，並對彼此抱持寬容的態度。簡而言之，具備成長心態的夫妻在面臨考驗時更為強韌，他們的關係不會因此動搖，反而變得更加穩固。

所以，**你和另一半要如何具備成長心態，進而打造出堅實的關係呢？在這裡，**

*6 卡羅・杜維克，史丹佛大學心理學教授，在性格、社會心理學與發展心理學等領域，是世界公認最頂尖的研究者。

我要提出五點建議：

第一，**捨棄「對的人」這樣的觀念**。夫妻之所以擁有美好的關係，是因為他們為彼此付出，而不是因為愛神丘比特的箭射中了他們的心。**第二，對另一半的努力表示感謝**。沒有人是完美的；每個人都難免會傷害到自己的伴侶。真正重要的是你的心意，以及長時間的付出。當你表達出你的感謝時，你的另一半也會因此付出更多。

第三，不要把挑戰都當成壞事，它們也是你們成長的機會。在面臨考驗時，兩人的關係將變得更為強韌。你們會在第二次轉變期間遇到很多挑戰，它們都是必要且有幫助的。**第四，重視過程勝過結果**。你有多常跟你的另一半說「如果○○○，我們就可以放鬆一下、度個假，或者感到滿足」？問題在於，這個「○○○」不斷地更換；不一定要抵達目的地，在努力的過程裡，你們就能獲得成長。請好好地珍惜你們一起迷惘的時光。

最後，**一起慶祝你們的成長**。夫妻往往都只慶祝外在的成就——升遷、加薪，或受到賞識。慶祝兩個人的成長——一起克服難關、能自在地進行有意義的溝通，將使你們保有成長心態。

6 混亂與衝突

小張（Chang）在廚房裡來回走動，一點一點地吃著從餐廳打包回來的食物。這個星期，蘿絲（Rose）已經第二次因為參與社交活動，很晚才回家。雖然小張支持她改變職涯方向，但他的耐心正逐漸消磨殆盡。

半年前，蘿絲從公司打電話給他，令他大吃一驚。她冷靜地說：「我剛辭去我的工作。」一開始，小張覺得很高興。蘿絲的工作讓她筋疲力竭，他在身邊支持她，也感到壓力很大。他原本以為，休息幾週之後，她就能復原、重新開始工作。身為一位經驗豐富、擁有許多忠實客戶的財務規劃師，一定會有其他公司雇用蘿絲。但結果並非如此。

蘿絲認為，自己要的不只是一份新工作，而是一個新方向。在辭去工作之前，她陷入了所謂的「死亡漩渦」。她所做的一切都令她倒盡胃口；她受夠了自己的生活方式。「我變成了一台轉個不停的機器，精神極度緊繃」她說，「我不喜歡那時的自己。發現這件事，對我是一個巨大的打擊，同時它也驅使我做出改變。我急需明白，我想要做些什麼，更重要的是，我想成為怎樣的人。」即便不是真的要自殺，蘿絲還是很想擺脫這樣的生活。她無法再忍受這一切了。

在陷入「死亡漩渦」前的那八年，蘿絲和小張的生活較為穩定。三十四、五歲時，他們面臨了第一次轉變——辛苦地讓彼此的工作相互配合。在那之後，儘管仍有輕微的家庭危機產生，他們都擁有成功的事業與圓滿的愛情。但他們都沒有想到，蘿絲的困境對現有秩序造成了很大的衝擊。

辭去工作使蘿絲有時間安靜思考她所面臨的困境。她利用這些時間，大量閱讀關於職涯發展的書籍，並聽取書中的建議，開始密集地參與社交活動。她發現自己很喜歡這些活動。和不同的人群產生連結，同時探索新的職涯可能性，讓蘿絲覺得比過去更有活力。她喜歡和小張分享她的經歷，告訴他那些人有多有趣。

找回自己最初愛上的那個開朗女孩，小張感到很開心；一開始，他裝作對蘿絲的探索充滿興趣。然而，當幾天變成幾週，幾週又變成了幾個月時，他的憤怒與嫉妒不斷滋長。「我們的生活都圍繞著蘿絲的存在危機（existential crisis）打轉，」小張抱怨道，「我們以前過得很好，我真希望時光能倒轉。」察覺到小張興趣缺缺，蘿絲開始變得疏遠。她獲得很多新朋友的鼓勵，或許她已經不太需要小張的支持。

當蘿絲終於踏進家門時，已經是晚上十一點十五分了。她笑容滿面地掛上外套，並脫下高跟靴。「哈囉，親愛的！」她大聲叫道。她剛才留下來和另外兩位女性喝酒（她們也正處於轉變期）；她滿腦子想的都是這群「姊妹幫」，覺得自己和她們志同道合。

當蘿絲和小張四目相接時，她嚇了一跳。「他是誰？」他猛然問道。蘿絲臉上的笑容頓時消失不見。「你在說什麼啊？」

「顯然你有外遇了！」小張氣沖沖地說，「告訴我他是誰，這樣我們就不用再假裝了。」

第二次掙扎

心中抱持著疑惑，並展開第二次轉變，像蘿絲和小張這樣的夫妻陷入了掙扎期。穩固的人生根基開始受到動搖（他們在第一次轉變期間奠定這樣的根基），他們原本相信自己已經找出合適的做法，現在這種信念也受到挑戰。因為兩人必須面對內心的懷疑，他們的行為、在彼此生命裡扮演的角色，以及他們的相處模式都會跟著改變。這次改變讓人迷失方向，同時備感威脅。

這樣的迷失與威脅將使夫妻陷入困境，延長掙扎的時間，或者讓他們掙扎得更激烈，阻礙他們追尋自我。當人們太執著於先前走的路，以及另一半在其中所扮演的角色時，就會面臨第一種困境——不信任與自我防衛。當兩人沒有意願或精力支持彼此的轉變時，則會陷入第二種困境——支持不對等。這兩種困境都使夫妻很難找出他們真正想要的是什麼。

夫妻的掙扎期有多長、這些掙扎有多激烈，以及他們能否順利度過這一切，取決於他們能否察覺並避免這些困境。此外，他們能否真心支持彼此的轉變也是關鍵。

困境一：不信任與自我防衛

當你的另一半開始思考自己是誰、想成為怎樣的人時，他通常會像蘿絲一樣，出外探索新的人生道路。這使你們變得疏遠；他進入新的環境，在那裡認識新朋友，並且發掘新的愛好。雖然探索與思考會加速一個人的成長，當你的伴侶一心一意地追尋新愛好時，可能會令你備感威脅。

你的心中浮現出種種疑惑——「為什麼我的另一半覺得不滿足」「是工作還是感情上的問題」「這是我的錯嗎」「為什麼他需要結交新朋友、我不能滿足他了嗎」，因此感到痛苦。就像小張一樣，我們可能會懷疑另一半的意圖、質疑他們的付出，害怕他們不再忠誠。這些情緒使我們陷入困境——不信任我們的伴侶，並處於自我防衛的狀態。當我們這麼做時，反而把他們推得更遠，導致我們更不信任他們，防衛心也變得更重。最後，這段關係本身成了自我追尋的阻礙。我發現在多數案例裡，人們的懷疑與恐懼都只是想像，沒有事實根據。他們只用自己的角度來看待另一半遇到的難題。由於這些恐懼，他們的要求與限制變得更多，有時甚至會把伴侶推向其他人的懷抱。

四十二歲的安維（Avni）覺得自己被困住了——困在令她感到矛盾的工作裡；

困在停滯不前的婚姻裡，以及最重要的是，困在「支持者」的角色裡。二十年前嫁給桑迪普（Sandeep）時，她對他旺盛的企圖心與卓越的成就深感佩服。桑迪普大她六歲，他在一家跨國軍事公司從基層快速晉升。在人生的早期階段，桑迪普激發了她的企圖心。婚後的前四年，她攻讀化學博士，接著在英國擔任了三年的博士後研究員（那時桑迪普在英國工作）。兩個兒子相繼出生後，為了離家人近一些，他們搬回了印度清奈（Chennai）。

搬到其他地方居住、作為母親的新身分與責任，加上對學術界日漸不滿，促使安維轉進企業界。她聽取桑迪普的建議，進入一家大型科技公司的人力資源部門工作（這家公司在他們家附近）。雖然她很喜歡科技公司的環境，卻不喜歡人資這種「幕後角色」。「我們在企業裡一直不被認可，」她說，「這就像是在家裡，桑迪普被視為主角，而我則是撐起整個家的支柱。」邁入四十歲時，安維已經不想再當那個在背後默默支持的妻子、母親和人力資源管理師。她急著想改變，希望自己有機會施展抱負，並且發光發熱。

安維休了三個月的假，讓自己有時間好好地思考、找尋合適的機會。一開始，桑迪普很支持她，但當她開始探索不同的世界時，他不再支持。他變得佔有慾很強、愛挑剔，對她內心的想法也興趣缺缺。他逼迫她重新開始工作，試圖說服她，這麼做有很多好處。就是在這個時候，安維認識了維卡什（Vikash）。和安維一樣，維卡什也正處於轉變期。他們的共同經歷使他們產生了連結，並開始交往。談到和維卡什之間的戀情，安維說：「桑迪普無法用他這種方式看待我。他似乎打從心底關心我的想法、感受，以及我想成為怎樣的人。長久以來，我第一次被當成完整的人看待。」

許多人都像安維一樣，渴望被當成完整的個體看待。在轉變期間（此時，我們通常會覺得自己支離破碎，還無法重新拼湊起來），這種渴望更為強烈。有人在一旁看著，讓我們在混亂中有個依靠。然而，安維發現，這還不足以長久維繫一段關係。她和維卡什的戀情已經結束，開始和桑迪普走上重建婚姻的漫漫長路。桑迪普因為妻子的出軌傷心欲絕；他逐漸明白自己在這當中所扮演的角色——「我不了解她需要某些東西，而另一個男人把它們給了她。我總是習慣用自己想要的方式來看待安維；我忽略了她真正要的是什麼。我很後悔這麼做。」

讓我們的伴侶一直裹足不前

無論你是否願意承認，你也許很像桑迪普，一直用某種方式看待你的伴侶，並且鞏固他在你生命中所扮演的角色。當你看待另一半的方式過於僵化時，你較容易陷入第二次轉變的第一種困境——在伴侶進行探索時懷疑他的意圖，同時備感威脅。此外，如果你不願意修正眼前的那一條路（你們在第一次轉變期間建構出這條路），另一半嘗試追尋自我所造成的威脅，就不只是你的想像，而是事實。這種威脅帶來的惡性循環，讓兩人的掙扎變得更加激烈、引發衝突，也使他們更難活出屬於自己的人生。

有很多文獻都提及，要突破困境並追尋自我，人們必須進行探索與思考。至於如何做到這一點，瀏覽任何關於職涯轉變的書籍，你都可以在書中找到循序漸進的指引。令我不解的是，為什麼明明有這麼多指南，有些人卻不這樣做。為什麼到了四十歲後半段，有些人還是覺得自己困在別人的人生裡？為什麼有些人沒有規劃出屬於自己的路？他們的伴侶關係是否和這一切有某種關聯？

我和我的同事兼好友、巴斯大學（University of Bath）教授奧蒂莉亞・歐巴達魯（Otilia Obodaru）一起合作，試圖在我第一個針對雙薪家庭進行的研究計畫中，解答這些問題。[1]我們仔細檢視，夫妻雙方都能找出自己想要什麼、活出屬於自己的人生，以及夫妻當中有一人或兩人一直處於停滯不前的狀態，這兩者之間有什麼不同。我們發現，接受另一半必須進行探索，並避免第一種困境很重要，但光是這樣還不夠。關鍵在於，夫妻為彼此扮演的重要角色——安全堡壘（secure base）[*1]。

安全堡壘關係

兒童心理發展領域的先驅，心理學家約翰・鮑比（John Bowlby）[*2]曾寫道：「我們所有人從出生到死亡，都像是經歷一連串或長或短的旅程，當依附對象在旅途中成為我們的安全堡壘時，我們都會感到非常開心。」[2]鮑比是第一位提出依附理論（attachment theory）的心理學家；依附理論探討，在人的一生中，親密關係如何影響他們的人格發展，以及他們與其他人之間的相處模式。他指出，人們永遠都需要安全堡壘——有個人鼓勵他們探索與冒險，同時在他們挑戰與冒險的過程中，提供一個安全的避風港，才能發展成完整的個體。[3]

*1 「安全堡壘」一詞最早是由心理學家瑪麗・安斯沃斯（Mary Ainsworth）提出，她主張，當孩子和母親之間的依附關係穩定時，母親（或照顧者）就是他們的安全堡壘。他們會以此作為探索世界的基地，進而發展出對自我、重要他人，以及整體世界的觀點。孩子長大成人後，他們也會將其他依附對象（如伴侶）視為安全堡壘，尋求安全感與支持。

*2 約翰・鮑比，英國發展心理學家，從事精神疾病研究與精神分析的工作，因為提出依附理論而聞名。他認為，孩子從一出生就會依賴照顧他的人，避免自己受到外在的威脅。依附關係不僅影響孩子和母親的互動，更將影響他的一生。

無論任何年紀，人們都是藉由探索——離開他們熟悉的舒適區，並展開冒險，來進行個人發展。離開舒適區會帶來不確定性，引發焦慮。擁有安全堡壘可以讓我們克服這些情緒，持續探索並成長。多數孩子都希望父母親能作為他們的安全堡壘，多數成年人則希望由伴侶扮演這個角色。

當你成為另一半的安全堡壘時，你給予他依靠與支持，同時鼓勵他進行探索。實際上，這意味著兩件事。首先，你會試著緩和另一半因為探索與思考所產生的焦慮。要做到這一點，你必須接納他的焦慮——不輕忽也不誇大，並且真誠地聆聽，讓他能夠分享他的情緒、高低潮、恐懼與懷疑。與此同時，你也必須鼓勵他離開舒適區、探索新領域，並認識新朋友。這樣的鼓勵可能感覺像是一種鞭策。因此，你不容許你的伴侶怠惰或自怨自艾，而是督促他走出去，藉此找出自己想要的是什麼，以及如何達到這個目標。

把安全堡壘的兩個面向放在一起看，或許有些矛盾。你必須在挑戰的同時獲得安慰；在你們緊密連結的同時，將對方往外推。但這是一體兩面的事。當另一半仰賴你的支持時，他通常會回應你的鼓勵，離開他的舒適區。換句話說，他在這段關係裡感到越安心，他就越容易離開舒適區，並進行挑戰。

成為彼此的安全堡壘，帶給彼此強大的力量

我發現，那些順利度過第二次轉變的夫妻（他們重新規劃出屬於自己的路），通常都擁有彼此支持的安全堡壘關係——夫妻雙方都為彼此扮演安全堡壘的角色。英迪拉（Indira）和尼克（Nick）就是這樣的一對夫妻。在一起十七年後，他們有三個孩子，工作成功且穩定。英迪拉和尼克因此認為，他們已經知道如何活出美好的人生。然而，當英迪拉邁入四十歲時，她開始對自己在公關公司的工作感到不安。一開始，她只是覺得自己該換工作了，但很快地，這種感受就變成了自我認同與人生選擇的問題，對她和尼克造成很大的影響。

當我邁入四十歲時，我開始感到矛盾。從表面上看來，我有份很好的工作。我負責帶領一個小團隊，握有不少預算，但我意識到，我內心深處有某種東西困擾著我。當時，我的情緒十分低落。為了幫助自己度過這段時間，我服用了兩個月的抗憂鬱藥物。最後，我請醫生開立診斷證明，向公司請了六週的病假。我無法再做這份工作了。那時我才發現，我只是被動地選擇了這樣的職涯；這不是我真正想要的。我不喜歡我們公司的氛圍，但我不知道為什麼。我確實陷入了

自我認同危機。

英迪拉的危機使她和尼克穩固的人生根基受到動搖。她不再擁有活躍的社交生活，辛苦地向孩子解釋自己沒有去上班的原因，並且因為令尼克失望而深感內疚。她過去是家中的精神支柱，因此感到自豪，現在她卻覺得這根支柱已經崩塌。然而，丈夫的支持幫助她走過了這段低潮期。

尼克很擔心我，因為他看到我完全無法，也不想工作；他很擔心我的身心狀況。我在家裡待了一段時間，尼克對這一切非常包容。對此，我一直心存感激。那時他的態度是「花時間思考，然後你就會找到答案」。然而，他沒有讓我成天自怨自艾，而是督促我發掘各種可能性，同時好好地思考我要的是什麼。那段時間，我真的在自己身上投入很多心力。我探索了許多不同的可能性，而尼克總是在我身旁，和我一起討論。

尼克給了英迪拉真正需要的東西；他分擔她的煩惱，並支持她的發展——接納她所面臨的困境、鼓勵她探索其他可能性，不強迫她快點做決定。作為英迪拉的安全堡壘，他見證了她的這段旅程，使他也跟著轉變。對此，他這麼形容：

一開始，看到英迪拉情緒如此低落，是很可怕的一件事。起初我只想消除她所有的壓力，讓她能夠好起來。我也明白，她勢必得換工作，並在其他方面，像是生活方式上做出改變。所以我鼓勵她發掘各種可能性，找出她這一生真正想做的是什麼。即便在她病假結束、回到公司上班之後，我也不讓她逃避這一切。我擔心，若她沒有找出改變的方法，她的狀況會持續惡化……。然後，當我看著她努力思考「下一步該怎麼走」時，我逐漸看到一絲曙光。知道這些掙扎正帶領她到某個新的地方，是極有幫助的。儘管我不知道那是哪裡，我看見她在我的眼前轉變；我開始覺得「我也想要這種體驗」。

看著英迪拉進行探索與思考，使尼克察覺到，人生有更多事值得追求。不久後，他自己也面臨引發第二次轉變的問題——「我是否變成了自己想要的樣子？」「我這一生真正想要的是什麼？」這些問題令尼克感到焦慮，英迪拉意識到這一點，並給予他支持。

當我懷疑一切時，尼克給了我非常大的力量；當我看到他開始陷入自身的存在空洞（existential hole）時，我也想為他做同樣的事。我們曾經經歷過同樣的模式，那些經驗很有幫助。從很多層面來看，我的旅程還沒有結束；我還在思考「下一步該怎麼走」。事實上，一起討論未來的可能性，變得很有趣。我的意思是，這麼做不會降低不確定性（有時真的壓力很大），但它讓我們有種共患難的感受；我們都覺得，最後我們會從這段旅程中獲益良多。

英迪拉和尼克在這段過渡期花了將近兩年的時間，思考他們真正想要的是什麼。這段期間充滿高潮與低潮、挫折與困境，但相互支持使他們找出一條新的道路，讓他們成就彼此（我將在第7章說明這一點）。此外，他們逐漸體會到，探索與思考讓他們獲益良多，同時也促使他們向前邁進。

在我蒐集到的故事當中，不是所有夫妻都像英迪拉和尼克一樣。我發現，某些夫妻在第二次轉變期間，發展出不對等的心理關係（psychological relationship）——永遠只有其中一人扮演安全堡壘的角色。這意味著，夫妻中的一人一直支持另一個人，卻沒有獲得對方的支持。這種不對等的安全堡壘關係，是第二次轉變的第二種困境。

困境二：支持不對等

皮耶（Pierre）和卡蜜兒（Camille）在四十歲出頭時相遇，那時他們都剛結束第一段婚姻。皮耶在一家汽車製造商擔任生產部經理，他有三個孩子，因為和前妻離婚而深感痛苦。（他的前妻為了支持他，放棄自己的工作。）卡蜜兒則是一位會計，她有一個年幼的女兒，最近剛和前夫離婚（她的前夫曾試圖逼迫她放棄自己的工作）。由於這些過往的經驗，他們都一致同意找出規劃人生的方法，讓兩個人都能有所成就。對此，他這麼說：「在第一段婚姻裡，我是個很糟糕的丈夫；我決定這次要好好地改變。我從一開始就強調，她的工作非常重要。對我而言，這顯然也是平等的一部分。如果我愛著這個女人，我就必須接納她對工作的期待。」

在第一次轉變期間，他們決定採用雙重主要工作順位模式，並一起依此建構他們的人生。起初，一切都進展得很順利。他們都覺得自己擺脫了前一段婚姻的束縛，同時在這段關係裡，享有充分的平等。但接下來的兩年，卡蜜兒陷入了職涯困境。她形容，在第一段婚姻破裂前，她都一直處於「自動駕駛」的狀態。大學畢業後，她在一家大公司擔任會計實習生，因為「聰明人都這麼做」。她和青梅竹馬結婚，因為她說：「所有人都預期我會這麼做。」雖然離婚使她從迎合他人期待的生活中解放，她卻面臨了職涯困境。她覺得自己被困在會計師事務所裡，因為只是替人打工而感到不開心。有鑑於第一段婚姻的失敗，皮耶給予卡蜜兒充分的支持。他冷靜地聆聽她心中的疑惑，鼓勵她好好地探索各種可能性，並且督促她追尋自己的夢想。

有了皮耶這座安全堡壘，卡蜜兒決定「從公司離職，到一位前客戶的公司擔任會計部經理」。她說：「從獲得自信與自主權的角度來看，這是往前邁進了一大步，而且我可以確實掌握公司內部的營運狀況。」即便這樣的轉變似乎很恰當（她想成為一位專業人士），卻一點也不輕鬆。卡蜜兒說：「我到一家工程公司上班，那是一個陽盛陰衰的地方。這是一個巨大的改變，我在我的新角色裡苦苦掙扎。這一步跳得太快，我極度需要皮耶的支持。」

隨著時間過去，皮耶開始覺得，一直作為卡蜜兒的安全堡壘，讓他壓力很大。他們採行雙重首要工作順位模式，代表他除了應付自身的工作壓力以外，還得應付繁瑣的家務。要兼顧工作與家庭，使他很難持續給予卡蜜兒支持。與此同時，他也開始面臨自己的問題。就像卡蜜兒一樣，大學畢業後，皮耶「乘著眾人的期待」，成為一位工程師，因為聰明人都這麼做。他選擇進入這家公司工作，因為它是人們眼中的好公司。他很想掙脫這一切，卻不知道自己想去哪裡。皮耶感受到某種渴望，他希望思考並探索自己想變成怎樣的人；他需要卡蜜兒成為他的安全堡壘。然而，她因為自身的轉變而筋疲力竭，無法提供支持。

「這是一個很大的危機，」皮耶說，「卡蜜兒想要改變，她卻因此崩潰。並非她沒有能力，而是這份工作耗費了太多精力。我們都對彼此感到憤怒。儘管我已經盡量給予卡蜜兒支持，但這遠遠不夠，她因為我不能做得更多而感到憤怒。我會生氣則是因為我覺得，我一直支持她，卻沒有得到任何回報。我自己也很需要做出轉變，但我們就是無法克服這些壓力。」

對卡蜜兒而言，即便知道自己不夠支持皮耶，她也無法給得更多。「我們以為我們討論了很多關於職業生涯的事，卻發現其實並非如此。皮耶盡可能地給予我支持，我卻不能支持他，因為我已經筋疲力竭。直到最近，我才明白這一點。我把大部分的精力都用在自己的人生上，再加上有繁重的家務必須處理，要在兩者之間取得平衡並不容易。」

另一半必須是我們的安全堡壘嗎？

皮耶和卡蜜兒的生活被各種瑣事塞滿，儘管他們都想為彼此的職涯與生涯發展投注心力，也很難有多餘的精力成為彼此的安全堡壘。

英迪拉和尼克體會到，探索與思考讓他們獲益良多，同時也促使他們向前邁進；與他們不同的是，在皮耶和卡蜜兒當中，只有卡蜜兒進行探索與思考，皮耶則停滯不前。這讓他們陷入了發展與關係困境，很難成功度過第二次轉變（我將在第7章再次說明這一點）。

就像許多人一樣，除了卡蜜兒以外，皮耶還擁有其他人——同儕、導師和同事的支持。那為什麼缺少卡蜜兒的支持，對他追尋自我的旅程如此重要？我發現，多數人和他們的配偶之間，都有著很大的心理空缺，要填補這些空缺是很困難的一件事。[4]這不代表你的另一半必須提供所有你需要的東西，也不代表不容許其他人際關係存在，但隨著時間過去，我們很多人都預期，這段關係對我們有著重大影響。

我訪問的所有夫妻在第二次轉變期間，或多或少都經歷過一些掙扎，那些彼此之間支持不對等的夫妻，往往會比相互支持的夫妻更容易起衝突。就像卡蜜兒和皮耶的故事告訴我們的，缺乏對等關係會使兩人心生不滿。此外，當夫妻之間的支持不對等時，他們將更難活出屬於自己的人生，並且在他們所扮演的角色之間重新取得平衡（他們在第一次轉變時確立這些角色）。這些夫妻在第一次轉變結束前規劃出一條共同道路，現在兩人可能都被困在這條路上，或各自走上不同的道路（其中一人走出自己的路，另一個人卻依然停滯不前（我將在第7章裡進一步探討這一點）。

你或許會想，是否有夫妻不是彼此的安全堡壘。也許真的有，但我並沒有遇過。作為夫妻，自然會渴望相互支持。無論是只有其中一人抱持這種渴望（夫妻關係不對等），還是雙方都有這樣的需求（彼此支持的安全堡壘關係），它都是一種普遍存在的現象。

我認為，擁有彼此支持的安全堡壘關係，是夫妻順利度過第二次轉變的祕訣。在這樣的關係裡，你們相互付出、協助彼此的發展，你們的感情因此變得更加緊密，你們也更容易規劃出屬於自己的路。但當你身處其他人生階段（不處於轉變期）時，它是否也很有幫助，值得投入心力呢？簡單來說，答案是肯定的。因為這種安全堡壘關係不僅影響到你們的轉變，還影響到你們看待這段關係的態度。

你輸我贏或雙贏的態度

一般而言，夫妻對彼此之間的關係有兩種態度——你輸我贏或雙贏。當夫妻抱持你輸我贏的態度時，他們會把他們的工作、生活，以及各種選擇視作一塊大餅，可以被瓜分。其中一人得到的那塊餅越大，另一個人得到的餅就越小。我發現，多數抱持這種態度的夫妻，都擁有不對等的安全堡壘關係。就像皮耶和卡蜜兒，他們都認為自己精力有限，無法同時投注在兩個人身上。這種你輸我贏的心態，讓夫妻相互為敵——一個人贏，另一個人輸，更容易導致關係緊張與衝突。

我們很容易察覺這種夫妻的存在，因為他們在談論彼此之間的關係時，會使用「妥協」和「讓步」這樣的字眼。我曾經詢問一位女性，為什麼她鼓勵另一半追尋職涯抱負，卻忽視自己的理想。她告訴我：「為了讓一切變得可行，你必須有所妥協，不是嗎？」確實每一段關係都需要妥協，但這種夫妻的不同點在於，他們認為沒有其他選擇。

「你輸我贏」已經變成對雙薪家庭的主流論述。學者專家經常說，兼顧兩份工作是一項艱鉅的任務，夫妻雙方都必須做出相當程度的讓步。相反地，我也發現，某些夫妻用截然不同的方式看待他們的關係，那就是抱持雙贏的態度。

當夫妻抱持這樣的態度時，他們會把他們的工作與個人選擇當成「把餅做大」的機會。他們相信他們的感情很穩固，足以使兩個人的生涯與職涯持續發展。我發現，多數抱持雙贏態度的夫妻，都擁有彼此支持的安全堡壘關係。就像英迪拉和尼克，他們都覺得其中一人的發展會對另一個人產生正面影響，同時他的收穫也會讓另一個人受益。如此一來，也較不容易導致關係緊張與衝突。

當這種夫妻在談論彼此之間的關係時，他們會使用「共同利益」這樣的字眼。即便這些夫妻還是會相互妥協，他們的關係不是以「妥協」、而是以「成就彼此」作為基礎。此外，當他們放棄某些事時，他們也會認為，這些犧牲彰顯了這段感情的價值。他們時常留意，彼此的職涯如何相互影響。

我覺得最有趣的是，這兩種態度和他們生命中發生的客觀事件沒有什麼關係；它們幾乎可說是完全主觀的。試想有兩對夫妻，夫妻倆都同時獲得升遷；第一對夫妻抱持你輸我贏的態度，第二對夫妻則抱持雙贏的態度。前者將他們的成功歸因於個人的努力，並擔心另一個人的升遷會妨礙自己取得成功。為了減輕憂慮，兩人緊張地進行談判，試著要對方盡量為家庭付出，以確保自己有足夠的時間與精力，為自己的人生努力。雖然這對夫妻可能會達成良好的協議，他們之間的善意卻因此消磨殆盡。相反地，後者把他們的成功歸因於相互支持，並將升遷視為兩人共同的成就。他們知道他們得重新檢視彼此之間的共識，也許兩人都必須做出某些讓步，但他們這麼做是為了找出共同解決方案。藉由達成良好的協議，他們鞏固了兩人之間的對等關係，對彼此懷抱的善意也因此增加。

由此可見，擁有彼此支持的安全堡壘關係，不僅能協助你們順利度過第二次轉變，長遠來看，也使伴侶關係變得更加圓滿。因為有這些好處，無論你目前身處人生的哪一個階段，努力發展出這樣的關係，是很重要的一件事。

建立彼此支持的安全堡壘關係

我遇過幾對夫妻，他們在人生的早期階段，給予彼此充分的支持——他們找出適合兩人的工作順位模式，共同分擔家務和育兒工作，但在步入中年後，他們卻沒有進一步成為對方的安全堡壘，支持彼此的發展。就像英迪拉和尼克所發現的，要作為另一半的安全堡壘並不容易。然而，我多次看到成功度過第二次轉變、找到人生新方向的夫妻，他們都擁有彼此支持的安全堡壘關係。想建立這種關係，你們必須注意三件事。

・鼓勵對方進行探索

儘管打從心底支持另一半探索各種職涯可能性、嘗試不同的領域，是很重要的，這麼做可能會令你備感威脅。要將這種威脅降到最低，你們必須持續溝通。主動關心另一半所面臨的困境、聆聽他們的想法，並且和他們一起討論，都是很有幫助的。多數人在進行探索時都會遇到挫折，在這些時候，不要過度同情你的另一半，而是提供一個安全的避風港，然後溫柔地督促他繼續探索。這或許有些嚴苛，但不要讓你的伴侶沉溺在挫敗的情緒裡。

・避免干涉

在另一半進行探索時，主動關心和干涉往往只有一線之隔。溫柔地督促你的伴侶離開舒適區，讓他在探索的過程中，找出一條屬於自己的路，就是對他最好的支持。確認他是否參與了某場社交活動、跟某位關鍵人士談話，或讀了某本很棒的書，都對他沒有幫助。同樣的道理，不要忍不住提供建議，只要專心聆聽就好。在轉變期間，多數人想要的是一個聆聽者，而不是告訴他們該怎麼做的人。最後，即便另一半的探索會令你感到焦慮，逼迫他快點找出前進的路，對他的發展，以及你們的關係都沒有幫助。轉變需要時間醞釀。

・給予情感支持

要突破困境、走出自己的路，是壓力很大的一件事。有些時候，你會因為某些新的機會而感到興奮，有些時候，則因為方向不明確或某些選項已經不復存在而感到沮喪，害怕自己永遠無法找到解決的方法。聽你的伴侶傾訴、接納他的痛苦，不要試圖修正它，就是最好的幫助。就像我在第2章提過的，給予彼此百分之百的關注，有助於建立相互支持的情感關係。

*

擁有彼此支持的安全堡壘關係不會使第二次轉變變得容易，但它讓兩個人都能做自己該做的事——在這段過渡期進行探索與思考，規劃出屬於自己的路。擁有這種關係的夫妻，為彼此扮演這樣的心理角色（psychological role）。有時，他們是對方的安全堡壘，有時則從對方身上獲得支持。藉由來回扮演這種角色，他們不僅建立起對等關係，也更明白彼此的需求，以及如何提供最有效的協助。

我本身非常了解這種安全堡壘的角色。我和吉安皮耶羅都拚命督促自己；我們經常離開舒適區，但有時進展得並不順利。我們也對自己極為嚴苛。作為夫妻，我們創造出一種說法——「我覺得自己是個水果奶酪」，用來表示自己需要對方扮演安全堡壘的角色。當我進行探索與學習時，我擔心自己會像一九七〇年代（我小時候），母親常給我吃的那種口感Q彈的點心一樣，攤在盤子上，變成一團粉紅色、軟乎乎的東西。這些時候，我需要吉安皮耶羅的支持、幫助我不要崩潰，同時督促我走得更遠。

我們似乎經常在這種「軟綿綿的狀態」與安全堡壘的角色之間互換。有時候，要轉換角色並不容易，尤其是從獲得支持變成提供支持的那個人時，更是如此。（要試著把奶酪從一個盤子移動到另一個盤子時，不僅很困難，通常也是一團混亂。）我從我們自己，以及其他夫妻身上領悟到，擁有彼此支持的安全堡壘關係，並沒有使人生變得更輕鬆。相反的，它讓人生更具有挑戰性。當另一半成為我們的安全堡壘時，我們更願意冒險，並嘗試新事物。或許我們的人生不會因此變得平靜，但一定會變得更加有趣。

努力思考我們真正想要的是什麼

很多夫妻都告訴我，在整段關係裡，第二次轉變的掙扎期是他們經歷過最艱難的一段時期。他們都陷入難以擺脫的困境。這次掙扎期的主要任務，是要他們思考，自己未來真正想要的是什麼；想成功度過這次轉變，他們必須找出這個問題的答案。

我發現，夫妻不僅得重新檢視他們先前針對工作順位與家務分工達成的共識，還必須關注他們在心理層面的共識，才能找到答案。當夫妻開始建立情感支持時，他們就可以重新規劃出一條路，並攜手朝同一個方向邁進。

7

走上新的道路

「讓我們開始下一段旅程吧！」沃夫岡（Wolfgang）和海蒂（Heidi）一起喝著熱騰騰的巧克力，一邊乾杯一邊說，他們相視而笑。「早知道這個週末會如此順利，」海蒂說，「我一年前就會提議這麼做了！」

那是一個週日下午，海蒂和沃夫岡坐在他們的廚房裡，屋外正飄著細細的雪花。他們花了一年半的時間爭論，他們真正想從生活與親密關係中獲得什麼（通常都是互相大吼大叫），然後安排了兩天在家裡獨處，打算一起找出突破困境的方法。

他們的婚姻生活像坐雲霄飛車般起起伏伏。兩個孩子的出生帶來了壓力與衝突，讓他們思考如何面對接下來的新人生（為人父母，而且兩人都有工作），度過第一次轉變。接著，他們過了九年穩定的生活。他們都同意由沃夫岡擔任主要工作者，而他也在一家數位相機鏡頭的小型製造商晉升至管理階層。海蒂則為家庭付出大量的時間；她同時也逐漸成為專業的客服人員。

但四十歲出頭時，他們好不容易取得的平衡開始瓦解。沃夫岡發現自己有一項才能（這也是他的愛好），擅長指導年輕的同事。受到海蒂的鼓勵，他報名參加教練培訓課程，並開始夢想成為一位自由教練。然而，每當他想到這件事時，都認為自己肩負家庭經濟重任，因此不可能實現。沃夫岡越來越覺得自己被困住了，他開始心生不滿，在家裡變得沉默寡言，他的工作表現也開始受到影響。

與此同時，海蒂也陷入了困境。過去十年來，為了把重心放在家庭上，她刻意減緩職涯發展的速度。一開始，她可以接受這種緩慢的步調，但當她最小的孩子升上六年級時，她開始感到後悔。在她的同儕當中，有些人已經朝經理的職位邁進，她卻還只是個小組長而已。她是一個很有能力的主管，深受同事和客戶尊敬。沃夫岡鼓勵她申請更高的職位，藉此施展抱負。但身為家庭主要管理者，她要如何擔任管理職，又同時兼顧家庭？就像沃夫岡一樣，她也開始因為自己在家庭中所扮演的角色，以及這個角色對職涯發展的限制而心生不滿。

海蒂和沃夫岡過去一直因為自己的生活「風平浪靜」而自豪。然而，現在這種生活方式卻令人感到鬱悶。由於不願意改變現狀，他們都沒有說出心裡的不滿。兩人的關係變得緊張；他們變得暴躁易怒，對彼此和孩子都更為挑剔。

當沃夫岡的醫生開了一段時間的抗憂鬱藥物給他時，這些問題更是到了非解決不可的地步。沒有發現沃夫岡這麼痛苦，讓海蒂十分震驚。沃夫岡也因為沒有仔細告訴海蒂這些事而感到羞愧。至少他們看到了一絲曙光；現在他們又開始和對方溝通了。他們開始接受婚姻諮商，也逐漸意識到，他們所面臨的困境其實互有關聯。在努力了幾個月之後，他們之間的緊張關係開始變得緩和，同時也找到解決的方法。他們知道他們需要時間思考改變是否可行，於是請海蒂的父母親在週末時幫忙照顧孩子。

週六和週日早上，沃夫岡和海蒂比以前更深入討論自己的夢想、希望與恐懼。他們驚訝地發現，彼此對未來的規劃竟然有不少共同點，這令他們很感動。當海蒂的父母親把車停在他們家外面時，他們已經達成共識——海蒂將接受最近獲得的升遷機會，成為家中的穩定收入來源。她的薪水增加，再加上兩人一起努力縮減家庭開銷，沃夫岡就可以辭去他的工作、成為自由工作者，並肩負起家庭主要管理者的角色。

這樣的生涯規劃使他們必須做出某些痛苦的改變。沃夫岡得捨棄家庭經濟支柱的角色，在財務上依賴海蒂，並且負擔更多家庭責任。對海蒂而言，她則必須在家庭生活中扮演次要角色；她覺得這種轉變有點可怕。總而言之，他們必須改變生活方式，減少家族旅遊等不必要的開銷，直到沃夫岡建立起自己的教練事業為止。

這樣行得通嗎？只有時間能證明一切。但至少他們眼前的那一條路變得清晰起來。

為更寬廣的路打下基礎

就像其他順利度過第二次轉變的夫妻一樣，沃夫岡和海蒂規劃出一條更寬廣的共同道路，藉此得到他們真正想從工作與生活中獲得的東西。儘管明白自己想做些什麼，是很重要的一個步驟，這還不足以讓他們成功度過轉變。在找出可行的做法前，他們必須先做好心理準備，由內而外打下穩固的基礎。

成功的轉變是從內在開始的。當夫妻重新商議他們在彼此的生命中所扮演的角色時，這將影響他們想做些什麼，以及成為怎樣的人。就像我在第5章提過的，當夫妻在第一次轉變期間確立這些角色時，往往不是很謹慎。如果他們順利度過第一次轉變（代表他們妥善因應兩人所面臨的第一件人生大事），這些角色和他們建構出的道路應該是一致的。但隨著時間過去，它們變成了一種束縛；在追尋自我的過程中，夫妻必須針對這些角色重新商議，並修正他們眼前的那一條路。

沃夫岡和海蒂都有工作，同時也參與家庭生活；沃夫岡是可靠的收入來源，海蒂則扮演家庭主要管理者的角色。沃夫岡肩負經濟重任，充滿幹勁與企圖心，海蒂則負責管理家裡，充滿關愛、步調和緩。當然，沃夫岡還是會關心家裡的事，而海蒂也有企圖心，但他們並沒有表現出，或進一步發展這一面，因為對方已經表現得很好。他們之間的角色因此變得對立，雖然作為夫妻時是一個整體，作為一個個體時卻不完整。在人生的早期階段，這種角色劃分是行得通的。作為夫妻，他們可以在工作上取得進展、養育孩子，並且參與社交活動。此外，他們也度過了一段情緒平穩的時期。然而，在面臨第二次轉變的掙扎期時，他們所扮演的這些角色，以及「風平浪靜」的生活方式，變成了一種阻礙。

在這種生活方式底下，因為不願意表達強烈的情緒，阻礙了他們和對方說出自己的困境。與此同時，這些心理角色把他們困在眼前的那一條路上，他們已經不想再繼續往前走。海蒂之所以覺得不能展現日漸強烈的衝勁、施展職涯抱負，是因為她被困在家庭主要管理者的角色裡。沃夫岡之所以覺得無法換一個步調較緩慢的工作，則是因為他被困在經濟支柱的角色裡。即便他們看見前方的路，也無法朝那個方向前進，因為他們都被困在互補的角色裡。想作為完整的個體向前邁進，他們就必須捨棄這些熟悉的角色。

在兩人所扮演的心理角色之間重新取得平衡

在我訪問的夫妻當中，很多人都曾經有像海蒂和沃夫岡這樣的經驗。他們在第一次轉變期間確立的角色，很少到了第二次轉變時依然可行。當夫妻度過第二次轉變的掙扎期，並找出他們各自想從工作、生活與親密關係中獲得什麼之後，他們必須確立新的心理角色與生活方式，走出更寬廣的路。

沃夫岡和海蒂要做的第一件事，是了解他們所扮演的角色，在家庭、社交圈，以及夫妻之間，有多根深蒂固。儘管他們覺得自己被這些角色困住，它們也帶來了珍貴的自我認同。沃夫岡對他的職涯發展感到自豪，這不僅使他在社交圈中佔有一席之地，也讓他在家裡扮演特殊的角色。孩子們仰賴他給予建議，他也反過來督促他們在學業上的表現。他和他的父親一樣賺錢養家，肩負家族傳承的使命，他也因此感到安慰。對海蒂來說，她則因為身為家中的精神支柱而自豪。（她的母親和多數女性朋友也都扮演著這樣的角色。）孩子們依賴她，使她覺得備受重視；她也讓他們養成了體貼風趣的個性。此外，她也因為能兼顧工作與家庭生活而感到驕傲。

要轉換角色，同時捨棄這些角色帶來的明確自我認同，使沃夫岡和海蒂感到矛盾。幾個月來，他們都幻想著，自己沒有進行任何角色轉換，就走上新的道路。我訪問的許多夫妻都和他們有同樣的恐懼——為了完成轉變，必須完全捨棄自己一直以來所扮演的角色，因而喪失珍貴的自我認同。難怪他們會覺得自己被困住了。

事實是，多數處於第二次轉變的夫妻（包含沃夫岡和海蒂在內），需要的是在這些角色之間重新取得平衡、讓它們變得更為寬廣，而不是徹底捨棄。這是消除夫妻間對立角色的好機會。夫妻倆都必須重新找回尚未發展完全的自我（現在是由他們的另一半扮演這些角色），同時放開自己目前所扮演的角色（而非完全擺脫）。藉由擁抱新角色、共享舊角色，夫妻可以找到某種折衷的做法。這樣的內在轉變將促使他們的外在跟著改變，讓他們擁有更多面向，變得更加完整。在擁抱新角色、共享舊角色時，多數人都覺得後者較為困難。

對重新取得平衡的恐懼

沃夫岡害怕，若他建立自己的事業時，在財務上依賴海蒂，會失去朋友和家人的尊敬。海蒂則害怕，若她和沃夫岡共享家庭主要管理者的角色，會不再被家人和朋友重視。兩人都擔心自己在別人眼中的價值會受到影響。就像我訪問過的多數夫妻一樣，沃夫岡和海蒂在經歷第二次轉變之前，他們的人生一直都遵循社會期待，因此他們的憂慮並不令人意外。雖然在追尋自我的過程中，他們都不相信，他們的自我價值和家庭經濟支柱或精神支柱有關，卻很難逃離早已根深蒂固的社會期待。

周遭的人在海蒂和沃夫岡的轉變裡扮演格外顯著的角色，因為他們必須拋棄傳統的性別角色分工。這樣的挑戰加深了他們對轉變的焦慮，因為他們理所當然地認為，家人和朋友會對他們的改變加以批評。在我訪問的人當中，所有做出與沃夫岡和海蒂類似轉變的夫妻，都遭遇過某些批評。男性通常要面對的是隨意的評論與玩笑（男人之間用來傳遞訊息的玩笑話）。比方說，沃夫岡告訴我，他最好的朋友開玩笑說，以後他要出門喝酒，都得先經過海蒂同意。另一方面，女性要面對的則是朋友們「出於好心」的話語（因為擔心她們的丈夫沒有能力處理家裡的事）。

有時候，夫妻會面臨更嚴厲的批評，這些批評通常都是出自其他家族成員的口中。我曾經訪問過一位男性，他為了追尋創業的夢想，在四十六歲時辭去了軟體工程師的工作。他這麼描述他父親對這件事的反應：「他要我坐下，然後跟我說，他完全無法接受我開始在財務上依賴我的妻子，我這麼做根本不像個男子漢。」遺憾的是，這種說法仍舊很常見。即便性別規範正逐漸被打破，當夫妻做出違背傳統規範的選擇時，他們還是很常遭受無情的批判。

夫妻在轉變期間，不是只有打破性別角色時會遭遇他人的批評。還記得卡拉嗎？（我在第5章提過她）她的內在轉變驅使她不再東奔西跑，並放開「主要管理者」的角色（她為家人和朋友扮演這個角色）。然而，她越是試著這麼做，她的家人和朋友就越拚命把她往那個方向推。「我無法逃離，」她感嘆地說，「他們會跟我說，我是最好的管理者，他們需要我掌管一切，這就是我在朋友圈中所扮演的角色。他們一直試圖令我感到內疚。他們就是不肯放過我。」

事實是，無論你扮演什麼角色，你的另一半和其他社交圈裡的人，通常都會要你繼續扮演這個角色。因為他們依賴你，他們就不需要這麼做。如果你順利度過第二次轉變，你的另一半就會理解並相信，你確實需要改變。但要說服你的朋友和家人可能較為困難。

從表面上看來，遭受批評似乎沒什麼大不了，但當你正處於轉變期時，那是很傷人的。在這段過渡期，你或許會覺得自己很不成熟、對未來有點不確定，渴望他人的支持。你或許也會因為要捨棄舊角色而感到有些矛盾，所以任何鞏固舊角色的事，都會讓你更難擁抱新角色。總而言之，人們對改變感到矛盾，他們遭遇的批評將減緩，甚至阻礙他們的轉變。

艱難的第一步

沃夫岡和海蒂在家中獨處，他們都很確定，他們根據自身獨特的興趣與渴望，選擇了一條更寬廣的路。他們明白自己面臨的挑戰，但都給予彼此百分之百的支持。然而，當他們實際展開轉變時卻發現，內在比外在更難改變。

當海蒂接受升遷時，她非常興奮。為了有所成就，她在工作上投入大量的時間與精力；她覺得很開心。但她發現，自己很難放開「家庭精神支柱」的角色。夫妻倆都同意，海蒂每天很早就出門工作，由沃夫岡負責在混亂的早晨準備早餐和午餐，並接送孩子上下課（以前這些事都是海蒂在處理）。雖然有這項明確的共識，海蒂卻一直很擔心，沃夫岡會把他們井然有序的家庭生活弄得一團糟。她發現，自己很難接受他做出不同的選擇，因此經常予以干涉。她的母親和女性朋友都質疑沃夫岡處理家務的能力，更加深了她的擔憂。

對沃夫岡而言，當他辭去工作時，著實鬆了一口氣。他很享受開創教練事業的過程，但他花了兩年的時間才建立起自己的事業，非常辛苦。他發現，自己很難接受海蒂賺得比較多；朋友們因為他不再是家中的主要收入來源而嘲笑他，令他感到羞愧。此外，他的改變迫使他們縮減家庭開銷、剝奪孩子們的假期，這也讓他感到內疚。沃夫岡比以前更積極參與孩子的生活，並且在生活與工作之間取得平衡，但海蒂一直過度干預，令他很火大，因此心生不滿。

幸好在面臨第二次轉變的掙扎期時，沃夫岡和海蒂經由種種困難，了解到持續溝通的重要性。雖然前半年有些混亂，他們不斷地一起討論；當對方無法放開舊角色時，他們會表示抗議，同時他們也鼓勵彼此在新的道路上繼續努力。他們花最多時間克服的，就是在兩人所扮演的心理角色之間重新取得平衡。他們都知道，若是沒有其中一個角色，另一個角色就無法改變。有了這樣的認知，他們可以要對方負起責任，並一起面對批評。

處理對其他人造成的影響

沃夫岡直接告訴他的朋友們，他有多熱愛自己的新工作。漸漸地，他們不再嘲笑他。有些人甚至對他勇於改變感到佩服，還說真希望他們也能這麼做。海蒂則學會對母親和朋友的批評提出質疑。她在大家面前稱讚沃夫岡，同時也坦承，自己很難擺脫「直升機妻子」（helicopter wife）[*1]的角色。她的坦率贏得了尊重，那些「好心」的話語也慢慢地減少了。他們的孩子倒是很快就接受他們的轉變，這讓夫妻倆都很驚訝。就像我訪問過的許多夫妻一樣，他們的兒子和女兒對這件事都沒有什麼抱怨與批評。

在我訪問的人當中，有很多父母親都以為，孩子最渴望的是穩定的生活。這使他們在做出巨大改變時小心翼翼。然而，研究結果顯示，孩子們喜歡不一樣的事物，尤其當它們不是源自外來的衝擊，而是家人主動做出轉變時，更是如此。當研究人員問到，他們想要父母親改變些什麼時，最常見的回答是，希望父母親的工作壓力能夠小一點。[1] 孩子們不在意父母親做什麼工作，或花多久時間工作。他們在意的是，父母親的壓力有多大，以及這些壓力會對他們造成什麼影響。

夫妻要走出自己的路，難免會對孩子產生某種改變，一開始可能也會面臨一些壓力。但長遠來看，他們活得更加圓滿，壓力也跟著變小，孩子們因此過得更開心，他們也不再一味迎合周遭的要求。

沃夫岡和海蒂順利度過了第二次轉變。雖然經歷了一段艱辛且漫長的掙扎期，他們也建立起彼此支持的安全堡壘關係，鼓勵對方開闢新的生涯。即便遭受朋友和家人的批評，他們還是成功地轉換角色，為轉變打下良好的基礎。兩年後，他們走出一條更寬廣的路，因此感到充實而滿足。然而，不是每一對夫妻都依照這種模式發展。有些夫妻在第二次轉變期間，沒有走出自己的路，而是裹足不前，他們之間的關係變得緊張，甚至最後不歡而散。

發展停滯

當人們面臨發展停滯時，他們被困在眼前的那一條路上，這條路已經不再符

*1 現今常以「直升機父母」（helicopter parents）一詞，形容過度介入、保護及干預兒女生活的父母親，像是直升機般盤旋在兒女四周，監控他們的一舉一動，隨時準備下指導棋，或幫他們解決問題。近來甚至也出現「直升機伴侶」（helicopter spouse）「直升機女友」（helicopter girlfriend）等說法，用來表示對方過度干涉自己的生活。

合他們的興趣與渴望。儘管客觀上來說，他們可能還是很成功（例如從基層一路晉升），他們卻覺得自己困在一台列車上，被帶往錯誤的方向。之所以說這些人停滯不前，是因為他們無法成為自己想要的樣子。在這種狀態下，他們就像困在蛹裡的毛毛蟲，渴望變成蝴蝶，卻不能破繭而出。

我發現，那些擁有不對等安全堡壘關係的夫妻在經歷第二次轉變的掙扎期時，最常出現發展停滯的問題。讓我們回到卡蜜兒和皮耶的故事（我在第6章提過他們），了解一下這種問題是怎麼發生的。在第一段婚姻裡，皮耶享有前妻的支持，卻沒有給她什麼回報，而卡蜜兒的前夫則阻礙她的職涯發展。在這段新關係裡，他們都想用不同的模式相處，也決定要支持彼此的工作，但他們的善意並沒有轉變成實際行動。他們開始交往，並且在第一次轉變結束後不久，立刻展開第二次轉變。即便他們都需要對方支持自己追尋自我，兩年後，他們顯然還是發展出一段不對等的關係——皮耶是卡蜜兒的安全堡壘，但卡蜜兒卻沒有為皮耶扮演這樣的角色。

卡蜜兒和皮耶還是複製了前一段婚姻的模式，只是這次兩人角色互換。皮耶不再是「糟糕的丈夫」；他給予妻子充分的支持，甚至犧牲自我，卻沒有得到什麼回報。卡蜜兒則不再是備受壓迫的妻子；她享有皮耶的支持，卻沒有多餘的精力回報他。從表面上看來，他們之間的角色對立似乎對卡蜜兒有所幫助，卻阻礙了皮耶的發展。有了皮耶作為她的安全堡壘，卡蜜兒可以探索各種可能性，思考自己想要的是什麼；原本在會計師事務所擔任專案經理的她，轉而到前客戶的公司擔任會計部經理。沒有卡蜜兒作為他的安全堡壘，皮耶無法進行必要的探索、走出自己的路。在苦苦掙扎了兩年之後，他已經向這種發展停滯屈服。

當我們進一步檢視卡蜜兒和皮耶的處境時，會發現他們之間的角色對立，其實對兩人都造成了阻礙。他們各自走上不同的道路——卡蜜兒逐漸活出自我，皮耶卻更加裹足不前；他們開始對彼此感到不滿，兩人的關係也因此惡化。他們之間的紛爭不僅使卡蜜兒很難有所成就，也讓皮耶心中的不滿情緒不斷滋長。

在展開新生涯半年後，卡蜜兒再度辭職，並回到以前的會計師事務所上班，這令她的新同事極為震驚。「我們之間的壓力得到了紓解，」她說，「兩個人的地位再次變得平等。而且在工作上，一切也變得可以接受，我的意思是，我不再討厭待在公司裡。」卡蜜兒為了挽救兩人的關係，犧牲了追尋自我的機會。從表面上看來，他們的家庭似乎能夠正常運作——可以兼顧兩份工作和繁瑣的家庭生活，但他們卻面臨發展停滯的問題。或許卡蜜兒不再討厭她的公司，但她依然被困在支持者的角色裡，渴望掙脫。

皮耶這麼形容他們的困境：「我覺得我們好像在原地踏步。」即便他們保住了這段關係，他們還是沒有回答第二次轉變最關鍵的問題——「我們真正想要的是什麼」，反而向這樣的發展停滯屈服，直到第三次，也是最後一次轉變到來。

並不是所有夫妻都發現自己面臨這種問題；有些夫妻最後不歡而散。我曾經訪問過一位女性，她在四十五、六歲時離婚；她說，她們的關係是這樣破裂的：「我們都是那種懷抱雄心壯志的人，擁有很好的工作、很棒的朋友；我們都走在成功的道路上。然後在四十歲出頭時，我們面臨了自信危機。我們都覺得現在的生活不適合自己；我們都想改變，卻不知道該往哪裡去。我們進退兩難。我試圖給予他支持，他卻不曾嘗試，或無法支持我。最後，我們都退回自己的世界裡。我們心中的不滿不停滋長，那時就是結束的開始。」

他們離婚後，她和她的前夫都走上新的人生道路。皮耶和卡蜜兒為了兩人的關係犧牲追尋自我的機會，這對夫妻則做出相反的選擇。這位女性如此回憶：「回首過去，為了活出屬於自己的人生，我們似乎必須分開。」

我發現，在面臨第二次轉變的夫妻當中，發展停滯是一種相當普遍的現象。藉由建立彼此支持的安全堡壘關係，你們可以避免這種困境，同時確保夫妻倆都走出一條更寬廣的路。

找出可行的做法，開闢出一條更寬廣的路

一旦你們明白自己真正想要的是什麼，並為這條路打下基礎之後，就必須開始找出可行的做法。當這些改變越巨大時，這件事就越重要。

經過兩年的過渡期，英迪拉和尼克（我在第6章提過他們）已經逐漸確定自己想要的是什麼。他們意識到，在他們的角色變得對立之前，自己曾經懷抱著強烈的使命感，或渴望在工作上取得進展，現在他們必須和對方分享這樣的感受。英迪拉從事公關工作，她在一家中型物流公司一路晉升，目前負責管理公關部門。因為獲得了這樣的成就，她在三十幾歲時一直都很努力，但當她邁入四十歲時，她開始不知道這一切都是為了什麼。

尼克是一位老師，儘管英迪拉從未對他的工作感興趣，她還是很羨慕他擁有強烈的使命感。他之所以成為老師，是因為他想要改變年輕人的人生，而且他很喜歡數學。他坦承，雖然自己改變了無數年輕人的人生，他卻覺得自己被困住了。「我一直過著同樣的生活，日復一日，年復一年。是的，學生來來去去，我卻始終沒有任何改變；這令我難以忍受。」他這麼說。

英迪拉和尼克發現，他們一直扮演著對立的角色，希望能找到某種折衷的做法。

尼克想要繼續留在教育界，但他意識到他必須離開教職，找一份可以讓他取得更大進展的工作。英迪拉也知道，她應該要離開企業界，找一份對她更具意義的工作。他們住在波士頓附近，那裡設立了許多非營利組織，促使他們在這個領域找尋新的工作。不過，要將這樣的想法付諸實現，需要謹慎地規劃。

在這之前，因為尼克的工作時間固定、休假較多，他們工作之餘，三個孩子都由他照顧。暑假期間或緊急情況發生時，沒有其他家族成員能尋求幫助，他們要怎麼應付兩個國中生和一個高中畢業生？即便經濟還算充裕，尼克和英迪拉的薪資並不優渥，無法花錢請人處理家務。有了這些認知之後，他們開始認真規劃。

「我覺得我們彷彿回到了三十歲出頭時，設法讓我們的工作相互配合，」英迪拉回憶道，「只是這次不是因為感到恐慌，而是使命感使然。」在英迪拉和尼克應徵新工作前，他們描繪出未來的職涯樣貌。他們了解到，第一年他們必須投入大量的時間與精力，才能熟悉新工作，並且贏得認可。雖然夫妻倆都認為，他們採取的是雙主要工作順位模式，尼克顯然還是主要照顧者。寒暑假等長假期間，他幾乎包辦所有的家務和育兒工作；在學期當中，他也仍舊負責處理其中的一大部分。他們必須改變這種做法。

幾週後，他們逐漸形成了尼克口中的「新共識」。首先，他們同意將兩人的轉變錯開——英迪拉先到非營利組織工作，接著當尼克也做出轉變時，她已經準備好承擔更多家務。在家裡，他們都同意改採真正的共同照顧模式，同時請已經是青少年的孩子們提供更多協助。他們都覺得這些改變不輕鬆，但也明白，如果不改變，他們就無法成功完成轉變。最後，為了確保兩人依照計畫進行，並遵守承諾，他們都同意每半年檢視一次這些共識。

英迪拉和尼克的故事說明了，想成功度過第二次轉變，就得重新檢視他們在第一次轉變期間所形成的共識。首先，描繪未來職涯的樣貌，是很有幫助的；你們可以看出自己需要投入多少心力，以及必須面對哪些壓力。我在第4章介紹過的「職涯藍圖」練習，能幫助你們做這件事。有了這樣的認識之後，接著你們必須重新檢視，甚至重新商討你們先前針對工作順位與育兒模式達成的共識。（容我再說一次，這時你們可能會想回頭參考第4章的內容。）最後，就像英迪拉和尼克討論出他們的「新共識」一樣，即將展開轉變的你們，是再次進行「共同協商」最好的時候（我在第2章大致提過這項練習）。

很難解決這個難題

有些夫妻雖然一致同意他們想要的是什麼，也做好了心理準備，卻無法達成共識，或找出可行的做法。

我們沒有足夠的本錢做這件事

在描繪出未來的新樣貌後，有些夫妻做出了令人沮喪的結論——他們沒有足夠的本錢，可以支持自己做出這些改變。其中一人在學習新技能或創立新事業時，沒有什麼收入，這讓他們覺得負擔不起。同樣的道理，有些夫妻有一大筆房貸要繳，或者生活開銷非常大，因此，其中一人要換一份薪水較低的工作，似乎是不可能的事。

當阿瑪爾（Amal）意識到她想要自行創業時，她和哈里爾（Khalil）就發現他們面臨了這種狀況。在此之前，阿瑪爾在一家活動策劃公司工作，讓夫妻倆過著穩定的生活。相反地，哈里爾創立了一家小公司，充分展現出他們熱愛冒險的一面。作為夫妻，他們樂觀進取、努力把生活過得豐富精彩，卻沒有完善的理財規劃。他們背負龐大的房貸壓力，存款微薄。

哈里爾知道阿瑪爾對在私人企業工作感到失望，他意識到，是時候和她分享創業的刺激之處了。他準備肩負起家庭經濟支柱的角色。然而，他和阿瑪爾都不知道該怎麼在金錢上給予她支持。她已經和朋友討論出詳實的創業計畫，打算成立一家活動策劃公司，專門籌畫員工旅遊、戶外研修等團體活動。她和她的朋友在這個領域都有豐富的經驗，他們都認為，他們能創造出穩定的收入，但這還不足以支付她和哈里爾的生活開銷。經過幾個月的來回討論，夫妻倆得出一個結論，那就是阿瑪爾必須暫緩這項計畫。他們決定省吃儉用，並開始儲蓄，但他們都明白，要花上好幾年的時間，才能累積足夠的預準金。

哈里爾和阿瑪爾的故事令人感到沮喪，但這樣的故事其實並不少見。夫妻為錢所困，是很常見的一件事。很多人都賺得不夠多，在支付所有開銷之後，能存的錢沒有多少。有些人儘管薪水成長，卻勉強自己買了一間較大的房子，結果陷入一種「賺得越多，花得越多」的無限循環。因為獲得成功而犒賞自己，是很自然的，但只靠花錢來獎勵自己，會使你們成為「月光族」，甚至入不敷出。如果想得長遠一點，儲蓄是更好的獎賞，因為它讓你們有機會改變未來。[2] **雙薪家庭有一個很重要的好處，那就是擁有兩份收入，可以為了轉變預留緩衝**。但要察覺到這一點，需要謹慎的規劃、自制力，當然還要有點運氣。

我們就是無法贊同

若你們都明白對方渴望轉變，也支持彼此轉換角色、修正先前達成的共識，但就是無法對彼此的新職涯規劃表示贊同，會發生什麼事？瑪格（Margot）和傑夫（Jeff）發現，他們在第二次轉變結束前，面臨這樣的困境。當他們在三十五、六歲相遇時，他們都沒有想到，要兼顧他們的感情與工作竟是如此困難。他們都為彼此，以及自己的工作付出許多心力；他們都不想要孩子，而且在多數時候，他們都意見一致。那到底是出了什麼問題？

四十歲中期很快就過去了，他們也開始對自己擁有的一切感到不安，並且懷疑自己真正想要的是什麼。他們都同意，他們想在工作與生活中冒險、尋求刺激，同時掙脫身上的束縛。（為了獲得穩定的生活、在工作上取得進展，他們一直承受著這些束縛。）他們似乎看法一致，只是對何謂「冒險」與「刺激」，有截然不同的定義。

瑪格想旅居海外。大學時，她就曾經當過背包客環遊東南亞，她覺得住在那裡應該會很有趣。他們能在不同的國家盡情探索，體驗完全不同的生活。即便她不希望永遠住在國外，也決定去住個三、五年。他們沒有孩子，父母親也都還年輕，而且他們可以把他們的公寓租出去，用租金來支付房貸。為什麼不勇敢嘗試？

然而，傑夫想要投身截然不同的領域。過去五年來，他變成預測科技（forcasting technology）方面的專家（這個領域非常熱門），他想成為該領域的自由顧問。這麼做的風險很低。已經有好幾家公司希望他能擔任他們的顧問，而他也擁有廣大的人脈；幸運的是，他賺得比現在的薪水還多。問題在於，他深信自己必須留在英國，才能轉換跑道。

幾個月來，瑪格和傑夫都試圖說服對方。瑪格認為，傑夫在世界任何地方都可以成為自由工作者，傑夫則認為，瑪格可以藉由轉換跑道來獲得不同的刺激，不需要搬到其他地方居住。他們都不肯讓步，因此陷入僵局。

如果你發現，你們與瑪格和傑夫面臨同樣的困境——兩人想追求的目標相互衝突，該怎麼辦？首先，知道這樣的狀況不見得會導致協商破局，是很有幫助的。夫妻間的協商之所以會破局，通常是因為你們其中一人想要孩子，另一個人卻不想，或是你們其中一人想一直住在某個國家，另一個人卻無法接受，抑或是你們的價值觀產生分歧。在這種情況下，你們最好結束這段關係。至於其他事，只要付出時間與心力，通常都能找到折衷方案。

當兩人陷入僵局時，尋求專業人士的協助，是較為有效的做法。對於你們該怎麼做，你們的朋友和家人都會有自己的意見和看法。然而，你們需要的是一個公正客觀的人，幫助你們深入探討這樣的狀況——用不同的角度來看待這一切，而不是告訴你們要怎麼做。瑪格和傑夫選擇的就是這種做法。

儘管兩人的關係仍舊很穩固，他們還是開始接受婚姻諮商，希望可以突破這個困境。幾個月後，他們都明白彼此的轉變有多重要，同時也開始思考，如何使兩個人都得到自己想要的東西。他們決定，當傑夫留在倫敦，並成為自由顧問時，瑪格則申請借調至香港辦公室一年。他們可以暫時分隔兩地；變成自由工作者的傑夫，工作時間彈性，意味著他這一年內，能飛去香港好幾次。

在瑪格飛到香港的前六週，傑夫辭去了他的工作。這段時間，他們都經歷了許多冒險，也在工作上有所成就。傑夫開始對移居國外感興趣，但這一年結束後，瑪格又回到了英國。他們都同意，接下來的兩年，他們會先留在倫敦，讓傑夫發展他的事業。然後，他們會再回亞洲待上一段時間。雖然這不是最理想的解決方案，但對他們來說，已經是很好的選擇。

擁抱我們真正想要的事物

明白你們真正想要的是什麼，一起走出更寬廣的路，無法解決所有的問題。也不該是如此。我們在第二次轉變期間面臨的問題——「我對什麼事滿懷熱情」「我是否變成了自己想要的樣子」「我在有生之年該做些什麼事」，都是長遠的課題。先回答一部分，然後把剩餘的部分放在心裡，是最好的做法。就像奧地利詩人與小說家萊納・瑪利亞・里爾克（Rainer Maria Rilke）[*2]，在《給青年詩人的信》（*Letters to a Young Poet*）中寫道：

……面對心中懸而未決的疑問，要有點耐心。這些疑問就像是鎖住的房間，或用陌生語言寫成的書，試著愛上它們。對於那些尚未獲得解答的問題，不必急著找答案，因為現在你還想不出來。重點在於，把它們放在你的心中。也許在未來的某個時候，你自然就會找到答案。[3]

*2 萊納・瑪利亞・里爾克是一位重要的德語詩人，除了創作德語詩歌外，他也撰寫小說、劇本，以及一些雜文和法語詩歌。此外，書信集也是里爾克文學作品中很重要的一個部分。

如果你們在擁抱新人生的同時，把剩餘的疑問都放在心裡，你們將會享有一段穩定期，在第三次轉變到來前，一同攜手成長。然後，你們可能會幸運地發現，你們已經找到了答案。

我們真正想要的是什麼？

♥ **轉變的本質**

不再迎合社會的要求與期待，同時思考彼此想從工作、生活與親密關係中獲得什麼，並以此為目標。

♥ **契機**

兩股能量——對追尋自我的渴望（這是生命週期的一部分），以及重新商議角色劃分的需求（這些角色是在第一次轉變時確立的）。

♥ **關鍵問題**

我們真正想要的是什麼？

夫妻必須找出自己獨特的興趣與渴望，並且思考如何幫助彼此追尋它們。

♥困境

・對另一半的探索感到不信任，並處於自我防衛的狀態。
・對於彼此的發展，沒有相互支持。

♥解決方法

・相互個體化。
・建立彼此支持的安全堡壘關係，使兩人都能追尋自我。
・針對彼此在對方生命中扮演的角色重新取得平衡。
・重新商討第一次轉變期間，兩人針對工作順位與家務分工達成的共識。

♥工具

發展出彼此支持的安全堡壘關係：當另一半處於轉變期時，了解怎麼提供最好的協助，同時建立對等關係（第6章）。

♥思考重點

建立堅實的關係：如何和另一半建構良好的關係，一起克服考驗（第5章）。

第三次轉變

現在我們是怎樣的人？

8

失落與極限

諾姆（Noam）安靜地躺在床上，看著席拉（Shira）睡著的樣子，陷入了沉思。過去的她年輕貌美，這幾十年的歲月改變了她的容貌。她身形變得柔和，棕色的長直髮變得灰白，強而有力的手上也佈滿了太陽斑。

諾姆曾經是長跑選手，身體健壯而靈活，時間也改變了這一切——他的腰間多了些贅肉，關節一直隱隱作痛，以及他現在必須依賴老花眼鏡——都不斷地提醒著他，自己早已步入中年。半年前，一位兒時的朋友突然猝逝，他至今仍舊惶惶不安。諾姆清楚意識到自己生命有限。如果像伊泰（Itai）這麼健康的人，都會在無預警的情況下，因為心臟病發而去世，那什麼時候會輪到他？

最近，常有種強烈的失落感向他襲來。令他感到悲傷的，不是青春不再或離死亡越來越近，而是前途一片渺茫。他曾經夢想在一家廣告公司擔任資深經理，現在他知道，這個夢想永遠不會實現。諾姆的兒子馬上就要上大學，離開這個家。他會很想念過去替他們籃球隊加油的那段時光。

但最讓他難以面對的是，他和席拉之間失去了某種感覺。他們曾經充滿激情，如今卻只剩下柏拉圖式的情感。雖然他們對彼此的愛還在，性質卻已經改變。自從半年前搬家以來，諾姆就一直覺得，即便已經結婚二十五年，他還是不太了解自己的妻子。他也不知道，她是否依然對他感興趣。

諾姆和席拉在前兩次轉變期間，經歷了許多波折，但從未面臨重大危機。三十歲出頭時，為不孕所苦的他們極度悲傷，生活因此停擺了五年，直到「奇蹟寶寶」丹尼爾誕生為止。雖然他們都渴望在海外工作，但他們都同意留在以色列，這樣丹尼爾就能加入他們關係緊密的大家族，和一大群堂（表）兄弟姊妹一起玩耍。他們和家人共度了幾年快樂的時光（悠閒的週末與假期），留了許多美好的回憶。邁入四十歲時，諾姆和席拉都面臨關於人生方向的疑問。最後他們都決定，等丹尼爾離開家後（這件事即將發生），再做出重大的職涯轉變。

諾姆環顧漆黑的臥室，注意到一個還沒有整理的紙箱，裡面裝滿了家族合照。這猶如他們的婚姻——隨著日子不斷過去，被遺忘在角落裡。他不確定，他們正在迎向新人生，還是衰老的晚年？現在席拉是怎樣的人？他又是怎樣的人？還有最可怕的是，他們是怎樣的人？

這個充滿不確定性的時刻並不令諾姆和席拉感到意外。他們先前就看過不少朋友，在五十幾歲時面臨自我認同危機，婚姻因此陷入困境，決定要避免這種情況發生。就像席拉所說，他們的結論是「在丹尼爾離開家之前，展開一場大冒險」。

他們經常夢想搬到歐洲居住，尤其是荷蘭和法國特別吸引他們；他們也有一些家人住在那裡。加上丹尼爾想到以色列以外的地方讀大學，更使他們下定決心。他們認為，搬到歐洲讓丹尼爾有機會進入好大學就讀，當他離開家之後，他們就可以好好地探索不同的國家，同時一起培養新的興趣。

此時，席拉正好獲得了一個工作機會——在一個阿姆斯特丹的研發部門上班，使這場大冒險得以實現。諾姆已經進入職涯高原期（career plateau），他明白自己無法再取得更大的進展，於是他順勢成為自由工作者，善用過往的經驗，並努力讓搬遷工作順利完成。他們一家人離開了家鄉特拉維夫（Tel Aviv），在歐洲展開新的生活。

儘管搬到歐洲居住，他們還是陷入了一直努力避免的那種困境。因為丹尼爾使他們緊密地連結在一起，夫妻倆都擔心，等他明年離開家後，這個家就會分崩離析。諾姆和席拉意識到，**過去二十年來，他們都是永無止盡地做、做、做。如今他們發現，自己已經忘記在一起是什麼感覺。他們也發現，他們一直把重心放在工作與家庭上，這樣是不夠的**。到了職業生涯的後期，他們的想法變得廣闊。他們對其他人造成了什麼影響？他們會留下些什麼？他們是否在這個世界上有所作為？

諾姆嘆了一口氣說：「我現在終於明白『躲得了一時，躲不了一世』這句俗諺的意思。」躺在床上的他轉過身來，然後盯著天花板瞧；這又是一個無眠的夜晚。

展開第三次轉變

當夫妻面臨劇烈的角色轉換時，也正是迎來最後一次轉變的時刻。當五十幾歲的我們邁入職涯的這個階段——即將退休時，我們在第二次轉變結束前規劃出的那一條路，將因為這些角色轉換而備受挑戰——喪失自我認同，進而產生空虛感，同時對自身的存在感到懷疑。

這些角色轉換和我們的職涯與人生階段有著密切的關係。我們進入職涯高原期，身體狀況不若以往；我們的孩子（如果有的話）也離開了這個家。幾十年來，我們尋求工作上的成長、養兒育女，然後早上醒來，發現最初愛上的那個人已經變得截然不同。我們自己也是如此。我們的身邊變得空蕩蕩的，未來也不再難以想像，這種空虛感讓我們面臨關於自我認同的重要問題——「現在我是誰？」「我想在有生之年成為怎樣的人？」

這些疑問使我們認清一個事實——我們已經到達某種極限。我們開始明確地意識到，我們在前兩次轉變期間規劃的道路與確立的相處模式，造就了現在的我們，以及未來我們有哪些選擇。

職涯發展的極限

當夫妻邁入第三次轉變時，他們將如席拉所言，「變得敏感脆弱，心中充滿失落」。我發現，此時多數人都不再幻想，只要有另一半的支持，就可以掌控自己的命運。因為人們進行角色轉換時，會讓他們的生活感覺更不穩定。這些感受同時從四面八方向他們襲來。

在人生的這個階段，最難以否認的是生理上的極限。體力日漸下滑，無法再蠟燭兩頭燒。人們面臨健康問題，這裡痛、那裡痛，或者為更嚴重的疾病所苦。就像諾姆一樣，多數人都會經歷朋友、父母親和其他親人的死亡。

不可否認的是，你已經過了大半生，這使你思考著，自己的健康能維持多久，以及大限之日何時到來。即便你過去不曾感到疑惑，現在你也會懷疑，一切都有實現的可能。

在我訪問的人當中，有許多人都處於職業生涯的最後階段；他們已經步入職涯高原期。他們已經是（或即將是）最資深的員工，周遭大部分都是年輕一輩的同事。他們不再是公司裡的明日之星，而要負責管理後起之秀（如果幸運的話）。這些優秀的年輕人潛力遠遠超過他們，頂多偶爾仰賴他們的智慧與支持。有些人甚至心想，這些年輕人是否已經等不及要取代他們。

對有些人來說，這些改變突如其來。我曾經訪問過一位男性，他在五十三歲時得知，他一位四十四歲的部屬被晉升為業務總監。他一直相信，這位部屬是他的後輩，卻驚覺他其實是自己的競爭者。「發現這件事，對我是一個巨大的打擊。」他這麼告訴我。「不僅僅是我的後輩沒有告訴我，他申請了這個職位，我也發現，周遭的人多半都認為他會取得這個位子。想到一個小我十歲的傢伙竟然越過我獲得升遷，就覺得難以忍受。這真是一記當頭棒喝。」

他一直以為自己深具潛力，但當他跟同事們談話時，才發現自己被當成了「守舊派」——一股和緩的力量，能使整艘船穩定前行，卻無法掀起滔天巨浪。他當然不覺得自己「老」，也不「保守」，他痛恨被視作公司裡「食古不化的恐龍」。然而，他不想被當成守舊派，人們卻又不認為他具備潛力，現在的他到底是怎樣的員工？他的職業生涯還剩下十五年，他想成為怎樣的人？

這位男性因為一個職缺突然面臨這些問題，其他人則是逐漸意識到這一切。當我們邁入職涯高原期時，我們開始感受到，自己的目標正在轉變。他們會問：「就這樣了嗎？我在工作上投入那麼多心力，然後呢？」**很多人都還不想認輸，但也不想再繼續走以前的路**。是時候好好地審視，並且重新評估了。

為人父母的失落

除了專業認同（professional identity）的轉變以外，處於這個階段、擁有孩子的夫妻，還必須面對作為父母親的身分轉變。當孩子離開家去讀大學，踏出邁向成年的第一步時，他們不再積極參與孩子的日常生活。這樣的改變讓許多父母親（尤其是擔任主要照顧者的那個人）覺得自己是多餘的：「如果我現在不是凡事親力親為的父母，那我是誰？如果他們不再那麼需要我，那我該做些什麼？」

二十三年來，薩拉（Zara）都扮演主要照顧者與次要工作者的角色。薩拉的丈夫穆罕默德（Mohammed）在一家國際礦業公司工作，由她負責照顧三個孩子；在這段期間，她一直都有自己的工作。然而，在他們最小的孩子上大學的那一年，薩拉遇到了瓶頸——「我頓時失去了生活重心，那是我身分認同的一部分。整個家都圍繞著我打轉，然後突然就只剩下我和穆罕默德兩個人。我不知道自己是否還有存在的價值。就像我訪問過的某些主要照顧者一樣，當薩拉的孩子離開家時，她的自尊與自我價值受到了動搖。她坦言，她最害怕「變成一個悲苦的老女人，看著自己的孩子逐漸茁壯，並抱怨他們把自己丟下」。

看著孩子們的未來充滿無限可能（你也曾經是如此），在感到驕傲的同時，你或許也會有些失落。當然，你想把最好的都給他們，但這也提醒了你，從很多方面來看，未來都不屬於你。比方說，諾姆描述他的兒子丹尼爾暑假在歐洲自助旅行時，用「這喚醒了我的青春回憶，令人心痛」來形容。孩子四處冒險，不停地提醒著我們，青春一去不復返。

作為父母親的身分轉變，通常會使夫妻關係也跟著改變。養兒育女這件事將夫妻緊密地連結在一起。為了孩子，我們掩飾彼此的差異，一直裝作一切都沒有問題。當孩子離開家之後，他們也沒有必要再繼續這樣下去了。

這些角色轉換帶來失落感，他們喪失自我認同，進而產生空虛感；他們因此必須面對某些迫切的問題。但這些轉換也顯露出些許的可能性。

出現新的機會

孩子離開家之後的這段時間，過去常代表一個人進入職業生涯的後期，緊接著是退休、成為祖父母，以及健康狀況持續下滑。但如今已不再是如此。首先，我們的平均壽命逐漸增加，我們保有健康的時間也變得更長。[1] 若你出生在一九六〇年代的西方國家，你有超過百分之五十的機率可以活到九十二歲以上；若你出生在一九七〇年代，你有百分之五十的機率可以活到九十五歲以上；若你出生在一九八〇年代，而且幸運地落在前百分之五十，你則可以活到九十八歲以上。[2]

當我們的平均壽命提高時，從孩子離開家到他們為人父母的時間也變得更長。[3]總而言之，當我們從密集教養（intensive parenting）和祖父母的責任中解放出來時，可能還有二十年以上的時間保有健康，能夠工作，並面對生命的課題。

在這段時期（前幾代很少有人享有這段時間），各種新的機會出現，而雙薪夫妻通常更容易抓住這些機會。因為他們在大部分的職業生涯裡都擁有兩份薪水，與只有其中一人賺錢養家的夫妻相比，他們通常擁有較多的預備金。同樣的道理，他們沒有什麼大筆的開銷——房貸可能已經繳清，在繳完大學的學費之後，孩子的花費就會大幅減少。這都意味著，他們在財務上變得較為自由，讓他們得以做出一些改變。

除了財務上的改變以外，很多夫妻也比以前享有更多彈性。因為孩子已經離開家，他們不再被綁在固定的地方；他們可以在寒暑假以外的時間去旅行，甚至搬到其他地方居住。儘管很少有人能提早退休，在這個階段，他們擁有更多選擇。對想要轉換跑道的夫妻而言，自由工作者、兼職身分與創業家的多樣化組合（我將在第9章詳細說明這個部分），都是可能的選項。**現在有越來越多人在他們剩下的二十年職業生涯裡，學習新技能，並且做出巨大的職涯轉變。**

這些新機會的出現，正好是我們改變目標的時候。人們也許不再追求單一目標——爬到公司高層，或者成為某一個領域的專家。我發現，他們通常會在數個不同的領域設立目標，努力在這之間取得平衡。在工作上有所成就還是很重要，但重拾過往的興趣、追尋新的愛好，花時間與家人和朋友相處也非常重要。

此外，在這次轉變期間，思考自己能留下些什麼，以及人生的意義，也是一種普遍的現象。因為我們很焦慮、不想浪費時間；我們在這些新機會與失落感之間拉扯，因此感到急迫。我們急著善用時間，急著把生活過得豐富精彩；我們也急著想知道自己現在是什麼樣的人，以及想成為怎樣的人。

我必須明白這一點

如果二十、三十幾歲時「應該做些什麼」（此時，我們覺得必須確立家庭與工作），四十歲時「想要做些什麼」（此時，我們規劃出屬於自己的路），那五十歲之後，就是「必須做些什麼」的時候。人們的這種急迫感是顯而易見的。就像諾姆和席拉的故事所說明的，這種急迫感很快就會轉變成明確的行動。**若你要做些不同的事、成為不同的人，你必須現在就開始著手進行**。現在是重新審視的時候；現在是思考自己能留下些什麼的時候。現在就是實現目標的時候（否則它們永遠都不會實現）。

在第三次轉變期間面臨這種急迫感有一個好處，那就是此時，我們已經學會對自己好一點。當我們說「我必須」時，我們不再追求完美，凡事只要「夠好就好」。研究結果也顯示，這樣我們和周遭的人都更容易獲得滿足。

當人們追求「剛剛好」的狀態時，他們通常更滿意自己的生活、更開心地工作；他們對未來感到樂觀，也對自己的選擇感到滿足。[4]當人們拋開完美主義時，他們也會是比較好的父母。[5]就像蓋爾・希伊（Gail Sheehy）*1在她的書中這樣描述人生的轉變：「那些懂得只要剛剛好就好的人，能獲得某種獎賞。夠好就好；夠成功就好；夠瘦就好；錢夠用就好。適度地為社會奉獻心力。當你尊重自己時，你就會覺得一切都已足夠；當你覺得一切都已足夠時，你就擁有了自尊。」[6]這種「剛剛好」的態度，幾乎適用於人生的所有層面，除了親密關係以外。

*1 美國著名作家、記者與講師，目前已經出版十七本書，以談討人生變遷而聞名。

只有「剛剛好」是不夠的

伊萊・芬克爾（Eli Finkel）在他的著作——《非成即敗的婚姻：如何經營最幸福的婚姻》（*The All-or-Nothing Marriage: How the Best Marriages Work*，暫譯）中提到，西方世界過去認為婚姻只不過是一種經濟交易（economic transaction），直到近年來，才出現所謂「自我實現的婚姻」（self-fulfilling marriage）。芬克爾透露了一個顯而易見的重要趨勢——我們期待從親密關係裡獲得更多。[7] 剛剛好已經不再足夠。

長久以來，人們都把愛、支持與頻繁的性生活，和美好的伴侶關係連結在一起。此外，他們也預期隨著時間過去，兩人之間的激情會被親情所取代。這當中的第一個改變來自於我們的社會期待，儘管兩個人在一起多年，愛、支持與生理上的激情都應該持續下去，而不是隨著時間昇華。如今，當夫妻之間的激情不再時（就像諾姆和席拉一樣），就是一種警訊，同時將引發更多深層的關係問題。

第二個改變是，過去三十年來，我們在這些期待中加入了自我發展的層面。如今在西方國家，多數人都認為在一段美好的關係裡，兩個人都能彼此了解，同時鼓勵對方充分發揮潛能，成為更好的自己。我們期待另一半扮演這樣的角色，學者將它稱作「米開朗基羅現象」（Michelangelo phenomenon）*2，以此推崇這位藝術大師的雕刻理念。[8]這位大師曾經說，他從未創造出任何一座雕像；他只是不斷削去大理石塊多餘的部分，直到沉睡其中的靈魂被解放出來。在米開朗基羅的眼裡，他不是那些著名雕像的創造者，而是解放者。

同樣的道理，**我們期盼的不是另一半形塑我們，而是幫助我們成長，展現最好、最真實的自我**。我們不只希望他們對我們付出，還期盼他們協助我們發展，並發揮潛能。這正是人們在第二次轉變期間，想從伴侶身上獲得的東西。

最著名的心理學模型——馬斯洛需求層次理論（Maslow's hierarchy of needs），用金字塔的形式來呈現人類的需求。金字塔底層是我們對食物、溫暖與安全等最基本的需求，最頂端則是對充分發揮潛力的需求（馬斯洛把它稱作「自我實現需求」）。根據他的理論，當金字塔底層的那些需求已經得到滿足時，我們就只會關注最頂端的部分。[9]依照這樣的邏輯，夫妻應該將自我發展看成蛋糕上的糖霜，

*2 米開朗基羅現象的概念，是由美國南衛理公會大學（Southern Methodist University）的史蒂芬・德利葛塔斯（Stephen Drigotas）於一九九九年提出，意指一對伴侶會在日積月累下，以微妙的方式「形塑」對方，透過無數細微的互動，強化彼此都能接受的模式。有些學者認為，這種潛移默化的相互影響，會使一個人逐漸趨近伴侶心目中的理想形象。

當其他部分都進展得很順利時，就努力尋求自我發展，為彼此的關係錦上添花。問題在於，他們不把它當作糖霜，而把它視為製作蛋糕的原料。即便這段關係的其他部分已經夠好了，如果另一半不想幫助我們發揮潛能，我們就會感到不滿足。

「熟年離婚」逐漸增加

這種對彼此發展漠不關心的態度，正是導致艾蓮娜和克里斯多福（我在第3章介紹過他們的故事）在五十五、六歲時瀕臨分手的原因。你可能還記得克里斯多福提到，幾十年來，他們都想擁有一切，並且努力做完每一件事。在人生的早期階段，他們覺得這麼做很有意義，但事後看來，這卻使他們忽略了這段感情，以及彼此的成長。

艾蓮娜和克里斯多福都是醫生，他們一直都充滿雄心壯志。夫妻倆對工作，以及養育兩個孩子投注大量的心力。他們都在醫院裡成為資深員工、負責更多志願服務工作、花時間和孩子相處，並保有想要的生活。艾蓮娜和克里斯多福在家烹煮所有食物、定期邀請朋友們到家裡作客；他們仔細監督孩子寫作業、自願擔任家長會委員。總而言之，他們努力做完每一件事，卻沒有為彼此付出。艾蓮娜為他們五十歲出頭時的感情狀態做出這樣的總結：「從表面上看來，我們似乎擁有了一切——所有我們想要的一切，但這樣是不夠的。在獲得這些東西的過程中，我們變得不再親密，彼此之間的鴻溝也日漸加深。」

在確定一切都進展順利後，艾蓮娜和克里斯多福就不再主動關心對方人生的高低潮，也不再彼此督促。此外，他們也不再留意克里斯多福口中的那些「小事」；**他們把細微的意見分歧都藏在心裡，而不是一起面對。儘管他們感到有點失望，也沒有說出來，讓對方知道。多年來，這些小事不斷地累積，最後變成了不滿與責怪。**

三十、四十幾歲時，他們因為四處奔忙，把這些小事擺在一邊，是可以理解的。孩子們總是有緊急的事需要處理；光是要讓家庭持續運作，就必須付出許多心力。只是當他們回首過去，才驚覺自己對這段關係造成的傷害，使它變得冰冷。他們都覺得孤獨、不被關心，思考著如何（其實是「能否」）填補彼此之間的鴻溝。克里斯多福感嘆地說：「我覺得她已經對我的人生、我是怎樣的人失去興趣。我不知道我們如何（或能否）重新找回這一切。」

艾蓮娜和克里斯多福的故事透露出某種固定的相處模式。在忙碌的青壯年時期，很多夫妻都不再為彼此的感情與關係付出。這些夫妻通常原先都緊密地連結在一起。

他們的生活很穩定；他們深愛彼此，可能也有許多肢體接觸。然而，他們不再協助對方成為最好的自己，也不再對彼此的發展抱持興趣。他們也讓小事不停地累積。日子一天天過去，很容易就忽略了這些小事，即便我們很多人都告訴自己必須好好地處理，最後它們變成了複雜難解的問題，讓我們不敢面對。此外，艾蓮娜和克里斯多福的故事也說明了，我們在關係早期階段所做的決定，以及確立的相處模式，將使我們在年歲漸長後面臨困境。他們想擁有一切，卻讓彼此的感情消磨殆盡，甚至兩個人都懷疑，能否挽救這段關係。

或許我們希望另一半完全了解我們，能幫助我們自我發展，但要建立這樣的關係，必須長期投入心力。我們得持續關注兩人之間的各種小事，同時展望未來、留意我們的伴侶想要如何成長。

當我們進入職業生涯的後期，生活步調因此改變時，很多身處這個階段的夫妻都開始痛苦地意識到，光是存活下去是不夠的。他們想要更多，他們有時間做出轉變；因為這種急迫感，使他們覺得自己必須做些什麼。對某些夫妻來說，這代表面對那些複雜難解的問題，再次為彼此付出，並且一起思考自己是什麼樣的人，以及想成為怎樣的人。對其他夫妻而言，則是分道揚鑣（我將在第9章說明這一點）。

有許多文獻都提到這種熟年離婚的現象。光是在美國，一九九〇年代之後，五十歲以上夫妻的離婚率就成長了兩倍。[10] 這是為什麼呢？我們先前提過，人們在這些新機會與失落感之間拉扯。那些對「剛剛好」的關係感到不滿足的人，他們眼前還有大把的時間、在財務上變得較為自由；他們想要獲得更多。[11] 這些因素都讓展開一段新關係的風險變得比過去更低，也更吸引人。有越來越多女性（而非男性）因為這樣的財務自由，提出離婚的要求。[12] 熟年離婚逐漸增加也導致另一個趨勢，那就是「黃昏之戀」。

黃昏之戀

阿維娃・維騰伯格－考克斯（Avivah Wittenberg-Cox）[*3] 在她感人的著作《黃昏之戀：找到老來伴》（*Late Love：Mating in Maturity*，暫譯）中，講述了她自己的故事，同時指出正在經歷或找尋黃昏之戀的人會面臨的課題。[13] 她提到黃昏之戀

*3 阿維娃・維騰伯格－考克斯，世界知名性平顧問公司「20-first」執行長，長年致力於協助女性的職涯發展。

的兩種模式，在我訪問的人當中，那些找到老來伴的夫妻也依照這樣的模式發展。

首先，黃昏之戀呈現出一種複雜且矛盾的現象。一方面，因為這通常都發生在養育孩子的年齡之後，此時我們的職業生涯也趨於穩定，夫妻面臨的第一次轉變較為單純；它通常和金錢與房子有關，而不是和工作與孩子有關。另一方面，當兩人都帶著錯綜複雜的關係進入新的婚姻——孩子或許會對他們和前任伴侶分開感到抗拒，朋友或許會站在他們的前夫、前妻那一邊，以及年邁的父母親很難理解他們的選擇。因此，黃昏之戀比我們青年時期發展出的感情更單純，卻也更複雜。第二，在人生這個階段成為伴侶的人們，都為了把這段關係經營好，投注極大的心力，同時往往為了避免過去那些錯誤而煞費苦心。

五十歲出頭時，奧莉維亞（Olivia）在走出離婚的傷痛後，找到了老來伴。一年前，她發現她的前夫出軌，她形容這件事是「壓死駱駝的最後一根稻草」。長久以來，他們的關係持續惡化，她只是為了還是青少年的孩子維持這段婚姻。然而，丈夫的背叛實在令她難以忍受。她租了一間公寓，然後把她最寶貴的家當裝上車，重獲自由。

回顧第一段婚姻，奧莉維亞明白它破裂的原因。「當時我並不了解，但現在我很清楚哪裡出了問題。**我們在工作和孩子身上投注心力，卻不再為彼此付出。在**

這段過程中，我們的感情迷失了方向。細微的不滿逐漸累積，然後我們開始互相責怪。」

奧莉維亞在回家鄉探望父母的路上，遇見了她的青梅竹馬威爾（Will）。他們的父母親都住在同一條街上。兩人各自離婚後，又緊密地連結在一起；在頻繁約會半年之後，他們發展出一段黃昏之戀。

威爾的婚姻以不同的方式結束，但一樣很痛苦。「雖然這聽起來很老掉牙，但我們只是漸行漸遠而已。我們為我們的女兒付出了一切，當她離開家後，我們變得一無所有。讓我感到後悔的是，最後我們的關係變得一團糟。我們會批評對方，甚至經常拳腳相向。這非常傷人。在那之後遇見奧莉維亞，我就像呼吸到新鮮的空氣一般。」

無論我們是在十八歲或八十歲時墜入情網，最初的情感體驗都是一樣的——另一個人佔據了我們的思緒，令我們既興奮又陶醉。威爾如此形容他和奧莉維亞剛在一起的那段時間：「我們彷彿又回到了十九歲。我比過去幾十年來都還要開心。」奧莉維亞和威爾都決定要建立一段相互支持、關愛的關係，但前一段婚姻使他們更加戰戰兢兢。「我們是兩隻敏感的刺蝟，」奧莉維亞說，「我們都擔心會刺傷對方，也擔心會被對方刺傷。」

兩年來，他們都沒有住在一起，因為他們小心翼翼地對待這段新戀情。此外，兩人還必須面對奧莉維亞孩子的百般抗拒。一開始，他們不願意和威爾見面；仍舊希望奧莉維亞能和他們的父親破鏡重圓。雖然奧莉維亞和威爾的工作都很穩定，生活上的改變讓他們開始對工作產生懷疑。「我們有很多事要思考，」威爾告訴我，「如果在私底下，我們可以成為不一樣的人，我們是否也能在工作上變成不同的人呢？」

許多人都像奧莉維亞和威爾一樣，在前一段關係破裂後，發展出他們的黃昏之戀。有時，他們深愛的伴侶在先前離開了人世；有時，他們比較晚遇到自己的初戀。不管這些夫妻是怎麼在一起的，他們都將和身處這個人生階段的所有夫妻一樣，面臨自我認同的問題。

現在我們是怎樣的人？

無論是什麼因素使夫妻展開第三次轉變，無論他們之間的關係現在處於什麼階段（從新婚到結婚超過三十年），光是問「現在我是怎樣的人」是不夠的，夫妻必須問彼此：「現在我們是怎樣的人？」回答這個問題，是夫妻在第三次轉變期間所面臨的發展任務。和前兩次轉變一樣，能成就彼此的夫妻會一起找出問題的答案。他們必須在審視過去、展望未來的過程中發現自我。和前兩次轉變一樣，夫妻在第三次轉變期間，也會陷入某種困境。若你們可以成功度過這些轉變，你們將在愛情與事業上規劃出一條新的道路。

在第9章裡，我將探討夫妻經歷最後一次轉變的掙扎期時所面臨的困境。我關注的重點在於，這段發現自我的過程，以及你們要如何在人生的這個階段抓住機會。接著，在第10章裡，我將分享三對夫妻的故事，他們都成就了彼此。這些夫妻都克服了自我認同的問題，並且規劃出一條道路，讓他們度過第三次轉變。

在正式談論關於第三次轉變的重點之前，我在這裡要先說明，我發現那些關係不只是「剛剛好」的夫妻，以及在第三次轉變期間一同攜手成長的夫妻，都遵循某種共通模式。

共同的愛好

人生裡有很多事無法事先預測或計畫，但對於我們五十幾歲時發生的角色轉換，我們可以這麼做。孩子總會離開家、我們的職業生涯總會趨於穩定，而且我們每個人都會年華老去。夫妻必須重新適應這些改變。如果你們一直都以工作與孩子為重心，第三次轉變也許會困難重重。在研究過程中，我多次看到關係穩固的夫妻，他們都擁有共同的愛好。

共同愛好是指你們一起參與的某件事，它和你的工作或孩子都沒有關係。這代表作為夫妻，你們是怎樣的人，同時使你們都保有一種「我們」的感覺。我訪問過的夫妻有各式各樣的共同興趣，包含一起玩樂團、帶領童軍團、駕駛帆船，以及將房子整修並轉賣。這些愛好有大有小；有些愛好會一直持續下去，有些則是偶一為之。它們共同點在於提供一個相處的時空，讓夫妻一起追尋共同的興趣或目標。

我曾經訪問過一對夫妻，他們的共同愛好是唱歌劇。他們過去是當地歌劇社團的成員，在為莫札特《唐．喬凡尼》（*Don Giovanni*）的演出排練時墜入愛河，從那之後，他們對歌唱，以及對彼此的愛就一直很強烈。當工作變得忙碌，加上孩子出生後，他們不再有時間進行完整的演出，但他們並沒有放棄這個興趣。「我們總是在唱歌，」那位丈夫大聲地說，「在車上、在廚房裡唱；無論快樂或悲傷。這使我們緊密地連結在一起。我們也會一起練習。我們很喜歡演唱經典的〈詠嘆調〉；我們的朋友和家人經常要我們在慶祝活動、慶生會和婚禮上一起表演。我們有時甚至會在公司聚會上演出。」他的妻子補充說，他們被稱作「二重唱」，這種共同身分令夫妻倆感到很自豪。

擁有共同愛好不代表你們總是在做這件事，也不代表除了工作和孩子以外，你們只做這一件事，但它讓兩個人的感情不會消磨殆盡。我訪問的許多夫妻剛在一起時都有共同的愛好，但當他們步入中年時，節奏快速的工作與繁重的家務使他們捨棄了這些興趣。**在孩子離開家前建立共同愛好，是很重要的**。

我曾經訪問過一位女士，當他們最小的孩子升上十一年級時，她把拉丁舞課程送給她的丈夫，作為生日禮物。這個為期兩個半月的課程，是他們十五年來，第一次一起嘗試新事物。在這段過程中，他們發展出對舞蹈的興趣，並重新愛上彼此。「多年來，我們第一次一起成為菜鳥，從頭學起。這讓我們自由玩耍，有時甚至有點滑稽。我們盡情大笑，笑得比以往都多。」她的丈夫說。接下來的三年，他們還參加了讀書會和健走社。這些新發現的共同愛好，使他們的感情變得更好，更令人意外的是，這也影響到他們的孩子。「孩子對我們的這些新活動深感興趣，」那位女士告訴我，「他們看到我們一起從事某件事。我認為，這確立了我們作為夫妻和孩子的角色。」

儘管我和吉安皮耶羅尚未經歷第三次轉變，我還是經常思考「共同愛好」的問題。我們一起做很多事。我覺得「連體嬰」這個詞可以用來形容我們。我們都熱愛跑步、滑雪、戶外活動和烹飪，我們也會一起工作。然而，我發現，我們一起做的事、度過的時光，全都圍繞著我們的工作或家庭打轉。我們還沒有找到那個和工作、孩子無關，專屬於我們的興趣。

對此，我能輕易地做出解釋。我們的孩子正處於一個美好的年紀，他們很想做每一件事，而且想和我們一起去做。我們都很清楚，這段時間很快就會過去。我們也熱愛我們的工作，投入了很多心力。同時，我也認真看待我在研究過程裡發現的這些相處模式。培養共同愛好，將是我們未來幾年的目標。

9

開拓更寬廣的視野

諾拉（Norah）癱坐在沙發上；她哭了一整天，眼睛又紅又腫。參加母親的葬禮，是她人生中最艱難的事。傑瑞米（Jeremy）在她的身旁坐下，用一隻手臂環繞著她。他的母親已經去世超過十二年了，但他仍舊可以體會那種悲傷。

「我想，接下來就是我們了。」諾拉說。傑瑞米不願意回應，現在還不是時候。過去兩年來，諾拉和傑瑞米的生活發生了巨大的改變。五週內，他們的父親突然因為中風、心臟病發而相繼去世，讓他們極度錯愕。他們開始負責照顧諾拉生病的母親，那時他們的孩子正逐漸離巢。

他們的大兒子馬克斯（Max）已經離家，目前就讀工程學院，小兒子狄倫（Dylan）則獲得了獎學金，將在寄宿體育學院完成他最後兩年的高中學業。諾拉和傑瑞米在四十歲時成為父母，在五十八、九歲時面臨這些改變，這時他們的工作也不斷地發生變化。

十年前，傑瑞米做出了重大的職涯轉變，現在又即將進行另一項改變。在職業生涯的早期，他是一位會議策劃，但他一直都對數位視覺藝術很有興趣。四十四、五歲時，他努力思考人生的方向。他發現，他想以這個愛好作為生活重心。幸運的是，數位視覺藝術產業前景一片大好，在費了一番功夫努力嘗試之後，他成功地踏進這個新領域，實現了他的夢想。接下來的十年，他都在同一家工作室工作。這家工作室負責的主要專案即將結束，傑瑞米正在思考他的下一步。要結束這份他投入極大心血的工作，令他有些感傷，但此時的他也自信滿滿，因為未來充滿無限可能而感到興奮。

對諾拉來說，過去二十六年來，她都在同一家小型農業機械公司工作，她說自己「早已習以為常」。她很欣賞她的同事，也把工作做得很好，但長久以來，她一直覺得自己被困住了。即便對農業有興趣，她真正熱愛的卻是和人群有關的部分。她曾經試著換工作，希望能善用人際溝通的技巧，但都無法成功。當傑瑞米進入數位視覺藝術領域時，她也拚命努力著。像他一樣，她也面臨自己的困境，兩年來，她一直試圖探索各種可能性。她想受訓成為職業心理學家（occupational psychologist），然後到人力資源顧問公司上班，甚至成為一位老師。

她希望傑瑞米可以鼓勵她改變，並因此感到興奮。然而，傑瑞米太執著於自己的轉變，為了追尋他的愛好，他寧願減薪。這意味著，若他們要維持目前的生活方式，諾拉就無法好好地受訓。

諾拉一直沒有做出改變，現在讓他們嘗到了苦果。在母親去世前三週，她被要求自願離職（公司美其名為「提早退休」）。她已經不再是公司裡的後起之秀，她覺得自己的能力已經消磨殆盡。此外，令她感到羞辱的是，她畢生為這家公司奉獻，卻在五十七歲時被棄如敝屣。她頓時覺得迷失了方向。

從沙發這個位置看出去，諾拉和傑瑞米可以看到他們家的後院。有兩隻麻雀正從啄食器上啄取飼料，準備餵食幼鳥。「牠們的生命充滿了意義，不像我們。」諾拉心想。

兩人獨自坐在屋內，孩子和父母親都離開了。近二十年來，他們第一次沒有任何人需要照顧（除了彼此以外）。雖感染了悲傷的情緒，傑瑞米卻能明顯感覺到，他們的未來充滿無限可能。他們可以自我改造，成為不一樣的人；他們可以在這個世界上有所作為，展開一段新的旅程。但諾拉卻徹底迷失。沒有工作，沒有父母親，也沒有孩子可以照顧，那現在她是怎樣的人？要面對這個問題，令她難以忍受。

第三次掙扎

就像諾拉和傑瑞米一樣，夫妻因為失去身分，導致自我認同喪失，進而產生空虛感；他們因此陷入第三次轉變的掙扎期。他們在第二次轉變期間規劃出的道路開始行不通了，他們原本自認明白真正想要的是什麼，這樣的信念現在也受到動搖。當夫妻努力思考自我認同與生命意義的問題時，他們必須再次重新檢視他們在彼此生命中所扮演的角色。

在第三次轉變期間，夫妻也會陷入困境，延長掙扎的時間，或者讓他們掙扎得更激烈，妨礙他們回答最後一次轉變最關鍵的問題——「現在我們是怎樣的人？」當夫妻為前兩次轉變未了結的問題所苦時，他們就陷入了第一種困境。根深蒂固的相處模式，以及先前達成的共識，現在開始顯得不合適。在思考自己在有生之年想成為怎樣的人之前，他們必須先一起解決這些問題。在這個新的人生階段，當夫妻限縮自己的選擇，無法將新機會納入考量時，他們則陷入第二種困境——漸趨狹隘的視野。

夫妻的掙扎期有多長、這些掙扎有多激烈，以及他們能否順利度過這一切，取決於他們察覺並克服這些困境的能力。此外，他們能否再次成為探索者，也是重要關鍵。

困境一：未了結的問題

當夫妻在應對第三次轉變期間，因自我認同喪失所產生的空虛感時，無論是源自於真實情況或他們所預知的，他們都不是重新起步，而是帶著前兩次轉變期間所養成的各種習慣，進入人生的這個階段。無論是展開一段新關係，還是已經在一起十年，他們的相處模式、人生觀、過去的選擇與心中的認知，都會影響第三次轉變如何展開。某些相處模式幫助你們持續向上發展。比方說，你們相互支持，不僅讓你們成就彼此，也能一起克服挑戰。然而，某些相處模式則使你們彼此拖累。

在這段過程中，當夫妻無法完成前兩次轉變的發展任務，或者沒有養成相互支持的習慣時，這些不適當的相處模式將不斷地累積。儘管沒有徹底完成前一次轉變的發展任務，還是可以進行新的轉變，而這個未了結的問題將阻礙他們在下一次轉變期間的進展。即便你換了伴侶也是如此，因為我們通常都會帶著這些不適當的認知，進入下一段關係，這將阻礙第三次轉變的進行。

第二次轉變如何影響第三次轉變

第二次轉變的發展任務是相互個體化——夫妻思考並追尋各自想從工作、生活與親密關係中獲得的東西。要成功做到這件事，他們必須弄清楚自己真正想要的是什麼，然後重新商議他們在彼此生命中所扮演的角色，以及第一次轉變期間，他們針對工作順位與家務分工達成的共識。

就像我在第7章提過的，沒有完成第二次轉變的夫妻，現在可能都被困在第一次轉變結束前所規劃出的共同道路上，或各自走上不同的道路（其中一人走出自己的路，另一個人卻依然停滯不前）。儘管客觀上來說，後者可能還是很成功（例如從基層一路晉升），他們卻困在別人的人生裡。這些成功並不屬於他們。

那些在第二次轉變的掙扎期建立不對等安全堡壘關係的夫妻，通常只有其中一人追尋自我。你可能還記得，我在第6章提過，我們所有人都需要一座安全堡壘——有個人鼓勵我們探索與冒險，同時提供我們安全的避風港，才能有所成長。那些擁有不對等安全堡壘關係的夫妻，只有其中一人為另一個人扮演這種角色。一般而言，獲得支持的一方活出屬於自己的人生，而提供支持卻沒有得到回報的另一方則裹足不前。雖然一開始，有些夫妻能掩蓋這種不對等關係所帶來的影響，當他們面臨第三次轉變時，它又會再度浮現。

這樣的事就發生在諾拉和傑瑞米身上。在第二次轉變期間，諾拉是傑瑞米的安全堡壘。她鼓勵他追尋對數位視覺藝術的愛好，並且在他前幾次應徵失敗時，給予他支持。最後當他找到現在這份工作室的工作時，即便薪水較低、對他們的財務狀況造成影響，她也鼓勵他勇敢嘗試。傑瑞米很感謝諾拉，卻無法給她什麼回報。他太執著於自己的轉變，沒有多餘的精力，也沒有意願成為她的安全堡壘。他不主動關心，也不鼓勵她追尋對人際溝通的愛好，反而希望她堅持自己原來的工作。

有段時間，這種發展上的分歧讓諾拉和傑瑞米產生摩擦。但隨著時間過去，諾拉將心中的不滿隱藏起來，他們就繼續這樣下去。事實上，他們的家庭狀況良好。兩人都在工作上穩定發展，同時也對兒子以及彼此付出許多心力。然而，這些美好的時光，仍舊無法彌補第二次轉變時留下的不對等關係。

當他們轉換角色並展開第三次轉變時，這樣的不對等關係再度浮現；他們發現彼此抱持著對立的情緒。諾拉只看見他們正在失去的東西，而傑瑞米則深受那些新機會的吸引。在第二次轉變期間，傑瑞米獲得了改變的能力；他經常自我反省，即便被拒絕、失去了些什麼，也不會被擊敗，他有自信可以轉變成功。因為先前他有過自我改造的經驗，所以當第三次轉變到來時，他有勇氣再這麼做。第二次轉變使傑瑞米在看待改變時心胸更開闊，並因此感到興奮，卻讓諾拉的心態變得更封閉，更因此感到恐懼。

在第二次轉變期間，諾拉被拒絕、失去了些什麼，但沒有人支持她，她也沒有積極尋求解決方法。這都使她退縮，逃避改變。她變得很沮喪，過去對傑瑞米的那些不滿又再度浮現。「他總是試圖改變。這對他來說，根本不算什麼——他遇到了大好機會。他因此變得過於熱情。他無法了解，這對我有多困難。現在他將有個新的開始，但十五年前，他又在哪裡？我很難克服這一點。」

儘管傑瑞米同情諾拉的感受，他很容易因為她的反應而感到沮喪。「你看，諾拉現在處境艱難，但我們必須克服這個難關。她正深陷其中。我們有好多事可以做；我希望我們能一起天馬行空地思考，同時自我改造。我試著讓她振作起來，但她依然故我。這著實令人沮喪。」

他們的角色對立，使彼此的關係變得緊張，並且陷入了困境。在第二次轉變時建立的這種不對等關係，讓兩人之間的鴻溝日漸加深，難以填補。就像我訪問過的其他夫妻一樣（他們也在第二次轉變時發展出這樣的不對等關係），諾拉和傑瑞米都明白，他們急需解決自我認同的問題，但在他們填補彼此之間的鴻溝前，兩人都無法向前邁進。在下一個小節裡，我將說明，夫妻要如何縮小分歧。在這之前，讓我們先深入探討，第一次轉變會帶來什麼影響。

第一次轉變如何影響第三次轉變

第一次轉變的發展任務，是思考怎麼順應彼此的工作與生活，使彼此都能有所成就。夫妻往往過度仰賴雙方的經濟條件來做決定、只著眼於短期因素，同時優先關注現實層面的問題。這意味著，他們並非總是謹慎因應自己所面臨的狀況。當這些決定付諸實行後，許多夫妻就不會再重新檢視彼此之間的共識。如此一來，當他們經歷第三次轉變時，他們將對這些決定感到後悔。

帕布羅（Pablo）和蘇菲亞（Sofia）在四十八、九歲時相遇並墜入情網。（那時，他們正參加一個週末的繪畫課程。）蘇菲亞的前夫死於一場車禍，當時他們的女兒只有三歲。接下來的十五年，她在當地一家小型律師事務所擔任家庭律師，獨自將女兒撫養長大。她對自己的工作感到自豪，同時也對女兒的學業成績感到驕傲。現在蘇菲亞的女兒即將進入大學就讀，打算跟母親一樣學習法律，她覺得自己終於可以鬆一口氣，然後思考在人生的下一個階段，自己想成為怎樣的人。

帕布羅的經歷截然不同。他的信仰十分虔誠，婚後的前十年，他都是一位傳教士。他的妻子充滿雄心壯志；他們都同意以她的外交工作為優先，以支付各種開銷，他則跟隨她派駐海外，在當地進行傳教工作。二十五、六歲時，他們被派駐到菲律賓。因為想在這個世界上有所作為，他們領養了一對雙胞胎。帕布羅成為孩子的主要照顧者，因此傳教工作被排在孩子之後。二十年來，他還是跟隨妻子到世界各地，並在當地的天主教佈道團裡工作。當孩子們離開家後，他的妻子竟然說要離開他。帕布羅傷心欲絕。他因為離婚深受打擊（這違背了他的信仰），很難重新復原。他花了四年的時間適應這一切，當他遇見蘇菲亞時，他正開始思考，自己是怎樣的人。

帕布羅和蘇菲亞各自帶著第一次轉變時留下的包袱，展開了一段新關係。蘇菲亞因為丈夫不幸去世，被迫扮演主要工作者與單親媽媽的角色。現在她已經準備好改變自己的生活。在前一段婚姻裡，帕布羅同意擔任次要工作者與主要照顧者，但回首過去，他後悔做出這樣的選擇。他覺得他辜負了自己的使命，因此急著想要彌補那些錯失的時間。這些遺憾使他們一起思考自己想成為怎樣的人時，意見完全相反。就像其他黃昏之戀的伴侶一樣，他們同時面臨第三次轉變；此時，他們必須針對過往的第一次轉變進行修正。

「我夢想著，我們在鄉下經營一間小民宿，輕鬆地過生活。」蘇菲亞說。「對現在的我而言，擺脫激烈的競爭很重要。我不想為工作投入太多心力；我還有其他重要的事要做。我們可以平靜、放鬆，並享受戶外生活。」

然而，帕布羅心裡有不同的計畫。「接下來的十年，我真的很想為佈道團奉獻心力。有幾個青年活動中心正在找尋新的領導者。我想，一起做這件事應該很有意義。我們的經歷非常互補，蘇菲亞可以負責行政事務，我則把重心放在社會服務上。我已經準備好要好好地做事了。」

從很多層面來看，帕布羅和蘇菲亞都是幸運的。他們都很想一起做些什麼，並且進行自我改造。但因為他們過去在經歷第一次轉變時，都留下了一些遺憾，導致他們對未來的想像截然不同。蘇菲亞希望在工作上付出較少的心力，帕布羅卻想要投入更多。像他們這樣的情況並不少見。然而，通常是女性和帕布羅面臨相同的處境——希望在職業生涯的後期全力衝刺。

雖然職涯週期的性別差異很少被討論，他們確實存在。儘管對年輕世代而言，趨勢正快速轉變，對那些一九六〇年代以前出生的夫妻來說，通常還是由男性擔任主要工作者與次要照顧者，女性則擔任次要工作者與主要照顧者。採用這種傳統的分工方式，並實行二十多年後，男性與女性就會面臨完全不同的處境。

三十、四十幾歲時密集照顧孩子，擔任主要照顧者的女性減緩職涯發展的速度，但不代表她們對工作的企圖因此削減。當她們的孩子離開家之後，這些女性可能還有十五至二十年的職業生涯，這經常促使她們加速前進，或規劃新的道路。她們或許想在工作上成為不同的人；女性通常比男性更晚到達事業巔峰，這一點並不令人意外。與此同時，她們的男性伴侶已經全力衝刺了幾十年。當他們面臨自我認同喪失所產生的空虛感，並迎來了第三次轉變時，他們的職涯可能已經接近巔峰，厭倦了永無止盡的激烈競爭；他們已經準備好迎接截然不同的挑戰。即便夫妻雙方都對自己在第一次轉變期間做出的選擇感到滿意，當他們經歷第三次轉變時，那些過去留下的遺憾（能彌補的時間有限），也會將他們推往不同的方向。

解決未了結的問題

想度過第三次轉變，就必須解決前兩次轉變未了結的問題。其中最難卸下的包袱，是夫妻之間的不對等安全堡壘關係（就像諾拉和傑瑞米一樣）。這種不對等關係不僅造成兩人朝兩極化方向發展，也讓其中一方確信，另一方沒有為自己的成長付出。要消除這種不對等關係，夫妻必須明白他們如何變成今天的模樣，並決定在將來為彼此扮演新的角色。

多年來，諾拉和傑瑞米共度了許多美好的時光，這促使他們努力緩和彼此之間的緊張關係，但一切進展得並不順利。一開始，諾拉用受害者的角度來看待這項挑戰：「我的心中充滿了不滿。我想我壓抑了很久，它突然一下子爆發開來。我怪傑瑞米讓我面臨這種處境，我也因為他沒有像我這樣失落而感到憤怒。」諾拉的不滿情緒令傑瑞米感到沮喪、內疚。「我確實對諾拉感到抱歉。我知道我沒有給予她應有的支持，但我也不是壞人。把我想成那樣，真的很傷人，也讓人火大。」

諾拉和傑瑞米坦率地說出自己的痛苦與沮喪，他們逐漸了解到「這件事兩個人都有責任」（諾拉這麼跟我說）。他們都承認，他們兩人都促成了這種不對等關係。從年輕的時候開始，諾拉就經常在她與朋友、家人和另一半的關係中，扮演一種「聖人」的角色。她經常因為為他人犧牲而傷了自己，但這也使她感受到自己的價值。對傑瑞米而言，他太執著於自己的愛好，因此欣然接受諾拉的犧牲。從表面上看來，諾拉似乎是受害者，傑瑞米則是加害者，但**他們漸漸明白，這樣的不對等關係是兩**

個人一**起創造出來的**。

當他們開始進行彌補後，起初有些矯枉過正。傑瑞米費盡心思地支持諾拉，卻沒有要求任何回報。儘管諾拉擁有傑瑞米的支持，她還是離開了舒適區，因為她一度失去另一個她很重視的角色——作為傑瑞米的支持者。他們慢慢地建立起彼此支持的安全堡壘關係。如此一來，兩人之間的對立變得緩和。諾拉意識到眼前的那些新機會，逐漸變得和傑瑞米一樣興奮。同樣地，傑瑞米也較能體會那種失落感；在對未來感到興奮的同時，也會緬懷過去。

就像諾拉和傑瑞米的故事所說明的，要消除這種不對等安全堡壘關係，最好的做法是先思考你們是怎麼發展出這種關係，然後採取具體措施。要撫平工作順位模式帶來的遺憾（我們在第一次轉變時確立這個模式），則有不同的方法。為了說明這一點，讓我們回到薩拉和穆罕默德的故事（我在第8章提過他們。）

在這段婚姻裡，穆罕默德一直都擔任主要工作者，薩拉則擔任次要工作者。當他們的孩子離開家之後，薩拉因為喪失自我認同所產生的空虛感而感到痛苦，她的自尊嚴重受挫。即便跟隨穆罕默德到世界各地的她，總是能在當地的大學找到經濟研究員的工作，但由於這份工作缺乏強烈的專業認同與成就感，仍然無法彌補她不再積極參與孩子生活的失落感。與此同時，穆罕默德已經到達事業巔峰，想過輕鬆一點的生活。儘管有些和穆罕默德相同職位的男性更期待繼續爬到公司高層，穆罕默德還是很想改變自己的生活。

「解決方法顯而易見，」穆罕默德說，「多年來，薩拉都跟著我到處跑。她還是有很棒的工作。她完成了很多極為重要的專案，讓我感到很驕傲。但在孩子們離開家後，她總覺得有些失落。我跟她說：『現在換你帶頭了，我很樂意跟隨你到任何地方；我總是可以找到事情做。』」

穆罕默德的建議給了薩拉一記當頭棒喝。「穆罕默德使我振作起來。我意識到，孩子離開家令我感到失落，但其實並非如此。我失去了目標與方向。我重新思考時，心想：『我現在五十三歲，我有大把的時間，可以有所作為。思考角色互換這件事，讓我覺得很興奮。』」

從第一次轉變以來，薩拉和穆罕默德累積了一些遺憾，他們撫平這些遺憾的方式意外地簡單——他們轉換了工作順位。穆罕默德能輕鬆地工作，薩拉則可以帶領整個家庭前進。然而，並非總是如此容易。當另一半想彌補自己的遺憾時（也許是互換工作順位，或找出折衷的做法），人們經常感到抗拒。如果你的另一半說，他想卸下主要工作者的角色時，這可能會消除你心中的不滿，但又使你備感威脅。他有足夠的本錢做這件事嗎？他要怎麼運用自己的時間？此外，當其中一人希望兩人都放下工作、開闊彼此的視野，另一個人卻仍想在工作上全力衝刺時，也會變得很難處理。

若是你們發現自己在第一次轉變時留下了遺憾，一起把它們找出來，是很重要的。要完成這項任務，你們可能會想再次運用我在第4章介紹過的「職涯藍圖」練習。如果你們能停止責怪對方（或你自己），並且把焦點放在「你們的選擇如何造成這些遺憾」，以及「你們怎麼利用接下來的時間彌補它們」，一切會變得簡單許多。

對黃昏之戀的伴侶（像是帕布羅和蘇菲亞）而言，要撫平工作順位帶來的遺憾（這些遺憾是前一段關係留下來的），是很困難的。因為沒有參與對方的過去，他們不可能採取輪流模式。帕布羅和蘇菲亞發現，他們必須找出折衷的做法。最後，他們決定遵循帕布羅的使命，在西班牙中部領導一個天主教青年活動中心。然而，蘇菲亞拒絕全職投入。她在附近的小鎮開始了兼職的法律工作，其餘的時間則享受鄉下的生活，並在一旁鼓勵著帕布羅。雖然這不是完美的做法，但他們都在人生的下一個階段獲得滿足。

發現自我與自我改造

當夫妻解決未了結的問題之後，他們必須面對第三次轉變的主要任務——自我改造。他們都得經歷一段自我發現的旅程，在緬懷過去的同時，迎向未來，並思考兩人要怎麼相互配合、調整，支持彼此變成自己想要的樣子。和第二次轉變一樣，我發現那些成功度過第三次轉變的夫妻，一開始就讓彼此參與這段自我改造的過程。儘管他們可能會獨自或和其他人一起經歷這段過程，能成就彼此的夫妻會分享自己的想法與感受，一起走過這段旅程。

這次自我改造和角色轉變，以及因為喪失自我認同所產生的空虛感密切相關——「我不再是公司裡的明日之星、凡事親力親為的父母、照顧父母親的孩子、那現在我是怎樣的人？」「在人生的下一個階段，我想成為怎樣的人？」「我要怎麼在有生之年有所作為？」即便你們曾經認真面對自我認同的問題，現在你們還是必須重新檢視先前的答案，並且接受新的答案。雖然這種空虛感令人感到鬱悶，但它也使你們有機會塑造新的身分。

這段自我改造的旅程讓夫妻再次進行思考與探索。（他們曾經在第二次轉變時做過同樣的事。）就像我在第6章詳細說明過的，思考與探索有很多種方式，關鍵在於，你們願意這麼做。第三次轉變時的自我發現挑戰在於，兩個人都必須願意參與，同時充滿好奇。他們必須抱持輕鬆的心態，隨意思考自己可能會成為怎樣的人，這是第二次和第三次轉變之間的重要區別。

荷蜜妮亞・伊巴拉是研究職涯轉變的著名權威，而我則是探討，認真思考與輕鬆看待自己的身分有何不同。[1] 當我們認真思考時，我們會刻意從A轉向B。和第二次轉變一樣，我們會好好地思考B是什麼，然後謹慎地做出改變。我們可以擺脫A的束縛，如釋重負。相反地，當我們輕鬆看待時，我們會為了自我改造，隨意思考並探索各種可能性。

在經歷第三次轉變時，抱持輕鬆的心態是很重要的一件事。因為在人生的這個階段，人們通常都有著不同的目標與優先事項，但他們害怕的不是擺脫束縛，而是失去自己很重視的那個身分。因此，他們必須設法以過去的成就為基礎，並建構出新的自我。

在這個階段，雖然自我發現都圍繞著工作打轉，但其實不僅於此。這時，人們也開始想要留下些什麼——回饋社會、指導年輕人，他們重拾年輕時的愛好，並且花很多時間和朋友相處。他們關心「我們」更勝於「我」。

要根據過往經歷，找出你們是怎樣的人，以及想變成怎樣的人，你們得重新思考，如何讓愛情、工作與生活相互配合。幸運的是，工作時間變得更彈性（尤其是經驗豐富的員工更是如此），這意味著人們能將各種優先事項結合在一起（這是前幾代人不可能做到的）。我訪問的很多夫妻在自我發現的過程中抓住了新機會，使他們成為自己想要的模樣，同時變成一個完整的個體。這裡有幾個選項可以考慮。

・學習新技能並重啟職涯

因為還有二十多年的職業生涯，有越來越多超過五十歲的人學習新技能並重啟職涯。許多人也因此重拾荒廢多時的興趣。這讓我們釋放出驚人的能量，得以在選擇新方向時脫穎而出。

・成為自由工作者

和諾姆一樣（我在第8章提過他），有越來越多人在職涯的第三個階段，成為自由工作者。他們具備豐富的經驗與專業知識，但已經厭倦私人企業的激烈競爭，或成為最資深的員工。成為自由工作者，使你有時間和自由追尋其他興趣。

・建立多樣化的工作組合

多職能工作者同時具備多重兼職身分。人們經常將各種身分（包含自由工作者、在公司裡擔任兼職人員）組合在一起，甚至也提供無償的公益服務（pro bono），為自己的志業奉獻心力。這種多樣化的工作組合令人感到興奮，因為它讓你同時追尋不同的目標。

· 創業

儘管有財務風險，資深員工自行創業的比例正急速增加。若你手邊已經有一筆預備金，想挑戰自我，在職涯的第三個階段，創業是一個振奮人心的選擇。在因為創新而感到滿足的同時，你也可以運用過往的經驗與技能，發揮所長。

*

在發現自我時抱持輕鬆的心態，找出嶄新且獨特的方法，把工作與生活融合在一起，能幫助你們在第三次轉變期間規劃出一條穩健的道路。想抓住這些新機會，我們和我們的伴侶必須保有開闊的心胸，並且充滿好奇。在第三次轉變期間，我們將陷入第二種困境——視野狹隘。

困境二：視野狹隘

讓我們正視這個事實——當你們面臨第三次轉變時，你們可能都會感到失望與挫敗。你們也許因為長年照顧他人，或不停做著重複的工作而感到厭倦。當你們的角色轉換，導致自我認同喪失，進而產生空虛感時，你們恐怕根本不會想到要進行自我改造。

雖然克里斯多福和艾蓮娜成年後，都一直在追求卓越（我在第8章分享過他們的故事），當他們面臨第三次轉變時，他們各自走上不同的道路。艾蓮娜將這種轉變視為放鬆的好機會。她對發現自我沒有什麼興趣；她只想把那些失落感拋諸腦後，好好地享受自己擁有的一切。與此同時，克里斯多福將它們視作自我更新的機會。他展開了一段自我發現的旅程，並開闊了他的視野。他和那些在職業生涯後期做出轉變的人交談，努力思考自己想成為怎樣的人。

即便一開始，克里斯多福不在意艾蓮娜眼光狹隘，很快地，他們之間的分歧就讓他們嘗到了苦果。「她說這是我『遲來的中年危機』，」他沮喪地說，「起初這只是一個小玩笑，但我不會否認，這很傷人。我以為我能硬拉著她跟我一起，但現在我了解到，她只會貶低這一切。」艾蓮娜目光短淺、對克里斯多福的旅程缺乏好奇心，這樣的分歧對兩人的關係造成很大的損害。再加上多年來，他們之見的鴻溝日漸加深，他們已經無法克服；最後，他們決定分道揚鑣。

你們或許沒有像克里斯多福和艾蓮娜這樣兩極化——其中一個人努力發現自我，另一個人卻只想維持現狀。在人生的這個階段，我們多數人只是沒有模仿的對象，不知道該怎麼自我改造。當我們看到前幾代人如何看待職業生涯的後期，我們自然會侷限自己的視野。此時，我們很多人都不尋求，也不需要重大改變，但侷限自己的視野，將使我們錯失機會，無法填補因為喪失自我認同所產生的空虛感，規劃出新的人生道路。要避免這種困境，我們必須對彼此充滿好奇，而且願意一起發現自我。我們必須再次成為探索者。

再次成為探索者

孩子是出色的探索者，他們對自己、對周遭的人，以及對這個世界都充滿好奇。他們會主動嘗試並體驗，找出自己喜歡和不喜歡什麼。他們很少把一切視作理所當然，總是會問：「為什麼？」無論任何年紀，我們都能成為探索者，但隨著年歲漸長、責任日漸加重，我們多數人都會壓抑自己的好奇心。

再度成為探索者將改變你的人生，尤其是在年歲漸長之後，它會讓你變得更有活力。角色轉換與身分轉變給了我們一個好理由，去質疑自己現在的愛情、工作與生活，同時思考其他可能性。許多人都把探索和找尋新的可能性連結在一起。這確實很重要，但同樣地，探索也包含質疑自己目前的認知、態度，並且問自己：「一切真的該是如此嗎？」

當夫妻倆一起成為探索者時，效果更好。當你們不僅對自己的工作與生活感到好奇，也對另一半的工作與生活充滿好奇時，你們將開啟強大的能力，一起重獲新生。當我訪問那些正在經歷或已經度過第三次轉變的夫妻時，這種重新探索的能力，最令我感到印象深刻。我遇到許多在此時規劃出新道路的夫妻，這通常都和一起工作或追尋共同興趣有關。

我曾經訪問過幾對夫妻（我將在第10章提到其中一對），他們在這個階段，都決定將他們的愛情與事業融合在一起。一起創業或一起執行工作組合裡的某些專案，使他們能在工作中結合自己的興趣，同時創造出些什麼。其他夫妻寧可在工作之餘，保有共同愛好，但他們還是會一起進行探索，把彼此推升至新的高度。

當夫妻在第三次轉變期間陷入困境，卻無法再度成為探索者時，他們將面臨重重阻礙。有些夫妻（像是克里斯多福和艾蓮娜）最後分道揚鑣，其他夫妻只好做出次佳選擇。但當他們卸下過去的包袱後，他們就有機會在未來塑造新身分，獲得新的體驗。在下一章和最後一章裡，我會提到三對在第三次轉變期間，再次成為探索者的夫妻。他們都為了人生的下一個階段，修正了眼前的那一條路。

10

能成就彼此的夫妻

本章將講述三對夫妻的故事，他們都成就了彼此——他們決定要兼顧兩份工作；他們不曾因為熱愛自己的工作，或深愛另一個人而感到滿足；他們不會把彼此的關係視作理所當然；他們這一生都一起努力成就彼此的愛情與事業。到了這裡，你會發現我在書中提到的「work」這個字，指的不只是工作本身，而是夫妻為了順利度過轉變（包含掙扎期）所做的努力。

當我訪問這三對夫妻時，他們正身處職業生涯的最後階段，準備進行自我更新。每一對夫妻都經歷了角色轉換，這樣的角色轉換讓他們失去了自己重視的身分；他們認真面對「現在我們是怎樣的人」這個重要問題，再次成為探索者。經過這段過程，他們明白自己想變成怎樣的人。

這三對夫妻的經歷、生涯與職涯都不相同。他們優先關注生活的不同層面，做出不同的選擇。他們經歷了不同的波折，有些波折突如其來，有些他們則自願承受。他們在不同的地方定居。這些夫妻之間的共同點在於，他們都抱持相同的態度。每一對夫妻都把戀愛與工作視為一門技術，他們可以透過練習與付出來精進這門技術；在對待工作或自己的伴侶時，他們都是「為了愛而努力」。這讓我明白了夫妻成就彼此的唯一祕訣——對他們而言，所有的努力都是因為愛。那些正面臨第三次轉變，以及所有努力成就彼此的人，都能從這些夫妻的故事裡獲益良多。

安吉拉和羅伯特：長年一起努力

安吉拉（Angela）和羅伯特（Robert）在結束 Skype 通話後，喜極而泣。「我們當爺爺、奶奶了！」羅伯特大聲喊道，他們相視而笑。「我們應該好好地慶祝一番。」

他們等了三年，終於聽到大女兒瑪莉亞懷孕的消息；他們即將成為祖父母。

三十四年前，他們在慕尼黑的一家半導體製造廠上班，因為在同一個部門工作而相識。他們換過不少工作，在繞了一大圈之後，又一起為半導體產業擔任顧問。他們經過慎重考慮才做出這個決定，但非常值得。由於具備專業知識，他們的案源很穩定，可以挑選自己感興趣的案子來做。他們一週工作四天，因為收入可觀，他們用剩下的一天做各自喜歡的事。

羅伯特用這一天追尋自己的愛好——製作模型飛機，安吉拉則在某個為難民兒童開設美術課程的教育中心擔任志工。他們的視野變得開闊，令他們感到滿足，同時也為他們的人生賦予意義。這種工作方式的改變，也使他們的生活跟著改變。三十一年來，他們第一次一起在同一個城鎮定居。無時無刻都待在一起，需要一點時間適應，但當我見到他們時，他們都對彼此十分著迷。這使我深受啟發；儘管先前分隔兩地，他們還是覺得自己非常幸運。

「我們都在重新認識彼此；我對我的發現感到驚喜，」羅伯特開心地說，「不要誤會我的意思——多年來，我們也有過一些美好的時光，但這段時間真的是我們的黃金年代。」

安吉拉在一旁插話說：「是啊，確實是如此。但別忘了，我們是如何走到今天的。我們的確很幸運，但我們可是很努力才走到這裡的呀！」

就像許多夫妻一樣，安吉拉和羅伯特在工作上認識。那時，安吉拉二十三歲，是個神采奕奕的工程學院畢業生。她進入一家半導體公司上班（半導體在當時，是最先進的產業）。此時，羅伯特二十五歲，已經在這家公司裡往上爬。他在二十一歲時和青梅竹馬結婚；他說這是「年輕時犯下的錯誤」。當他遇見安吉拉時，他正在處理離婚的事。

安吉拉立刻被羅伯特英俊的外表和堅毅的性格吸引，但她知道他正準備離婚，覺得他應該為此煩心，不想被打擾，因此和他保持距離。然而，當他們被分派至同一個專案小組時，安吉拉吸引了羅伯特的目光。「她令人難以抗拒，」他回憶道，「當她走進來時，你實在無法不注意她。她很迷人，而且極度聰明。坦白說，我一開始覺得她有點嚇人。」

他們相互吸引，並迅速發展成一段辦公室戀情。但因為安吉拉意外懷孕，他們的蜜月期只維持了一年就突然結束。「起初我發現這件事時，我很害怕。我們才交往沒多久，羅伯特離婚的事也還沒有處理好。我到現在都還記得很清楚——當時羅伯特出外受訓，因為那個年代還沒有手機，我無法跟他說話。某一個無眠的夜晚，我甚至考慮墮胎，不把這件事告訴他。」

羅伯特回來後，安吉拉透露自己懷孕的消息，羅伯特非常興奮，這著實讓她鬆了一口氣。「打死我都不再婚，這些年來，我們一直沒有結婚，但能和安吉拉有個孩子，令我開心不已。從那一刻起，我們全心全意地為彼此付出。」

當他們漸漸習慣自己即將為人父母的事實時，羅伯特被分派到一個新團隊，這個團隊將在距離他們家鄉超過三百英哩的地方，設立一座新工廠。此時他們都不知道，他這一去就是三十年；這段時間，他們長期分隔兩地，只有一半的時間會住在一起。

羅伯特說：「那時候，你不會為了升遷和公司協商。你只是默默地接受這一切，然後就到外地去了。所以，我們得設法解決這個難題。」他們赫然發現，自己迎來了第一次轉變，必須努力思考如何建構他們的人生，使兩人都在事業上有所成就、維持良好的關係，並且成為很棒的父母。前一段失敗的婚姻讓羅伯特了解到溝通的重要性，因此他必須確定，他和安吉拉謹慎地把事情談清楚。

「幾個月後，我們達成了共識——我們確立了一套原則，並一直遵守到現在。」安吉拉說。

第一，工作很重要。我們都在懷抱新教徒強烈敬業精神[*1]的家庭中長大，我們從年輕時開始，就抱持這種態度。即便我們沒有特別旺盛的企圖心，想要晉升至資深管理階層，對我們而言，把工作做好極為重要。第二，教出獨立的孩子很重要。我們不是所謂的「直升機父母」。對我們來說，讓孩子從年輕時就獨立自主，是很重要的一件事。第三，用心經營彼此的關係。我們都同意，不應該隱瞞任何事；我們總是會把每件事都告訴對方。

在謹慎地確立這三項原則之後，安吉拉和羅伯特進入了一段較為穩定的時期。六年內，他們生了三個孩子——瑪莉亞（Maria）、艾瑪（Emma）和亞歷山大（Alexander）。那時，羅伯特每週往返兩地——在他們的家鄉慕尼黑度過週末，平日則在德勒斯登（Dresden）工作，兩地車程近五個小時。半導體產業不太穩定，意味著在他們大部分的職業生涯中，這種兩地往返的模式將一直持續下去。孩子住在家裡的那些年，羅伯特有九年，安吉拉則有四年都在外地工作，這當中有兩年的時間，兩個人平日都不在家。幸好安吉拉和羅伯特的父母親都住在慕尼黑，幫忙他們照顧孩子，甚至在那兩年裡，直接住進他們家。

雖然那段時間很辛苦，安吉拉和羅伯特卻覺得，前面的六年使他們變成了一對夫妻。他們的關係穩固，開心地支持著彼此的事業。在同一家公司、同一個領域工作的好處在於，他們能給予彼此實質的協助。他們可以幫對方檢查報告內容、針對新的生產流程擬定策略，並討論如何應付辦公室裡的鬥爭。儘管他們分隔兩地，工作令他們的感情變得更加緊密。

三十八、九歲時，當安吉拉和羅伯特開始質疑自己真正想從人生中獲得什麼時，他們展開了第二次轉變。不幸的是，此時他們公司正好受到經濟不景氣的嚴重衝擊。四週內，他們都被解雇了。突然間，自我探索變成一種奢侈的行為，讓他們負擔不起——他們必須賺錢養家。接著，安吉拉在離開公司前，獲得了另一份工作。這份工作職位較低、薪水較低，但至少是一份工作。她毫不遲疑地接受了，獨自撐起整個家。（羅伯特花了一年的時間找工作。）

「那是我人生中最低潮的時候，」羅伯特說，「我變得非常消沉。我的自我認同有很大一部分都來自於工作，失業使我迷失了方向。我的自尊嚴重受損。最後，他到一家較小的公司上班，他們從此進入了所謂的「職涯黑暗期」（這段黑暗期長

*1 敬業精神源自於新教信仰，新教徒認為工作是上帝賦予的使命，是一種神聖的行為。工作是為了榮耀上帝，而不是為了滿足對金錢的慾望；將俗世中的工作視為一種信仰，就是敬業精神的本源。

達十年）。半導體產業花了很長一段時間復甦，他們不停地跳槽，藉以磨練自己的技能，同時支付家庭開銷。他們讓家庭持續運作，但兩人都無法處理第二次轉變時的存在問題，這些問題一直留存在他們的心裡。

即便職涯停滯不前，安吉拉和羅伯特的家庭生活還是很美滿。現在他們擁有三個獨立自主的青少年，各自懷抱著夢想與愛好。他們發現他們充滿關愛，但不予以干涉的教育方式很成功，也因為和孩子們建立成熟的親子關係而感到喜悅。

當他們的小兒子亞歷山大離開家後，第三次轉變時的自我認同問題就被突顯出來。與此同時，第二次轉變期間沒有解決的、關於人生方向的問題依舊存在。安吉拉和羅伯特都陷入了困境。「我們從未以爬到公司高層為目標，我們還是希望能在工作上有所成就。這十年來斷斷續續的工作，開始令人感到痛苦。在這段過程中，我們迷失了方向，變得無法從工作中得到自我認同。」安吉拉回憶道。

除了渴望在工作上獲得更多以外，他們也開始覺得其他事也很重要。他們想要在彼此的關係上投入更多心力，並且確定兩人不需要再分隔兩地。他們也想重拾過往的興趣、追尋新的愛好。特別是安吉拉，她急著想為家鄉的居民奉獻更多心力。最後，他們還想給予年邁的父母親更多支援，報答他們多年來的付出。

因為安吉拉和羅伯特都極為務實，他們不習慣自我反省，也不太確定要如何對付這些人生方向與自我認同的問題。要思考各種可能性，讓他們感到很困難；每當他們坐下來認真思考時，最後都會試圖將他們的未來呈現在 Excel 表裡。然而，這些表格不像他們以前在私人企業工作時一起製作的表格，那麼有約束力。因為無法弄清楚，在人生的下一個階段，自己想成為怎樣的人，他們變得越來越沮喪。

在苦苦掙扎了一年之後，被狹隘視野侷限的他們，從意想不到的地方——他們排行中間的孩子艾瑪身上得到了啟發。作為家中的探索者，艾瑪察覺到父母親的困境。某次聖誕假期從學校回來時，她對他們提出質疑，認為他們能做得更好。已經成年的她，可以坦白地跟她的父母親說，他們之所以無法看見周遭的機會，是因為心胸過於狹窄。「這就像是你二十一歲的女兒拿著一面鏡子，並告訴你們，你們的想法變得多狹隘，」羅伯特坦言，「我必須老實說，我不喜歡這樣。」

不過，當艾瑪回到學校後，她的質疑發揮了作用——安吉拉和羅伯特又慢慢地成為探索者。他們又開始對自己的人生、對彼此，以及夫妻倆能夠做的事感到好奇。過去他們一直認為自己必須在公司裡工作，現在他們對這種想法抱持懷疑的態度，同時也開始找尋更具彈性的選項，讓他們可以運用專業知識、產生影響，並且在工作與其他優先事項之間重新取得平衡。他們注意到從公司內部的專業人員轉變成外部專家的可能性。儘管他們從未懷抱雄心壯志，他們都因為拿出經過縝密研究、嚴謹紮實的工作成果而享有好名聲。此外，不停地跳槽使他們在德國很多半導體與科技公司都擁有廣大的人脈。

他們聽取一位朋友的建議，成了自由顧問。他們的房貸已經繳清、生活開銷不大，而且住在一個有健全醫療體系的國家，因此他們認為，他們能承擔自立門戶的風險。他們可以把孩子們的臥室當成辦公室——只要有筆記型電腦和電話即可。在一起創業之前，他們確實有些猶豫，但討論工作上的事、彼此交換意見，令他們感到很開心，這使他們相信，他們能夠獲得成功。他們可以像年輕時一樣當同事，彌補那些不在一起工作的時光。他們的自我改造仍是以過往的經歷為基礎。即便如此，他們還是決定試行一年。至於其他的事，現在都已經不重要了。不過，對他們而言，這也是一個新的開始。

最令我印象深刻的是，安吉拉和羅伯特不曾逃避困難的對話，而且他們總是努力克服一切阻礙。他們做出的某些重大決定——長時間分隔兩地、不要成為直升機父母，以及一起工作，都與目前的趨勢及多數人的建議背道而馳。許多社會都期待，父母親必須經常待在孩子身邊、積極參與他們的生活，多數人也都說，長期分隔兩地是親密關係的殺手。同樣地，我也讀過許多文章和書籍，這些文章和書籍都提到，當夫妻擁有不同的工作時，他們是最快樂的。像安吉拉和羅伯特這樣的故事讓我領悟到，這些所謂對雙薪家庭的通用指引，其實並不正確。

他們確實放棄了一些重要的事，例如長住在一起，也想做一些彌補，但很重要的是，他們並不後悔。這是為什麼呢？因為他們為了成為現在的自己，一起做出了犧牲。這樣一來，他們較容易進行探索、度過他們的困境。儘管他們過去有一些願望沒有實現，遺憾卻很少。這應該是面臨第三次轉變時，最好的一種狀態。

我從安吉拉和羅伯特，以及其他夫妻（他們有不同的優先事項，並且做出不同的選擇）身上領悟到，**關鍵不在於你們做了些什麼，而在於你們如何做這些事**。這或許聽起來很老掉牙，但重要的是過程，而不是選擇本身。不過前提是，你們從一開始就很努力，就像安吉拉和羅伯特一樣。有很多育兒和經營感情的方法，都可以教出健康穩重的孩子、建立穩固的關係（如果夫妻能先明確地協商，並取得共識）。同樣的道理，我經常和我的丈夫吉安皮耶羅一起工作，我可以證明一件事——即便有些夫妻最好避免一起工作，對其他夫妻而言，這麼做是極具意義的。

小李和梅伊：權力夫妻

當我第一次見到小李（Li）和梅伊（Mei）時，他們旺盛的活力令我印象深刻。那個下午下著雨，他們手牽著手走進咖啡店裡，散發出無限熱情。我在研究過程中看過許多二十幾歲的夫妻也是如此。我過去常想，這些夫妻彷彿受訪前剛做過愛一樣。那時，小李五十八歲、梅伊五十七歲，正在第三次轉變結束前，重新規劃他們的工作與生活。小李和梅伊是我訪問過層級最高的公司領導者——小李是一家零售公司的執行長，梅伊則是一家媒體公司的董事。他們最近被國際商業雜誌稱為「權力夫妻」（power couple）[*2]。雖然外表光鮮亮麗，他們也曾歷經波折。

他們在MBA課程的歡迎會上相遇。小李當時是剛入學的新生，他立刻對擔任歡迎會召集人的學姊梅伊感到著迷。「她是歡迎會上的靈魂人物，當天晚上應該已經和數百人聊過天，但我決定要吸引她的注意。打從看到她的第一刻起，我知道她就是我想要的女人。」凌晨一點，小李終於成功吸引了梅伊，他們很快就開始交往。

他們都懷抱雄心壯志、有強烈的事業心，決定在畢業後的前五年，先以事業為重。他們多數時間都各自生活，在不同城市工作的他們，為了加速職涯發展而長時間工作；他們在週末時見面，但通常都是和以前MBA課程的同學一起聚會。他們的社交圈裡，充滿深具潛力的人才，這促使他們在事業上追尋更高的目標。

邁入三十歲中期時，他們開始想安定下來，於是面臨了第一次轉變。「結婚是理所當然的事。我愛小李，我知道他是最適合我的男人，」梅伊說，「但我對生孩子這件事感到矛盾。」梅伊看到很多同學在有了孩子之後，工作都偏離了正軌，她不想做出這種犧牲。然而，小李非常渴望建立自己的家庭，他花了好幾個月的時間說服她。

最後，當小李決定辭去管理顧問的工作（他經常四處奔波），並且在私人企業找較為穩定的工作時（這讓他可以一起照顧孩子），梅伊屈服了。五個月內，他們結婚、搬到新家一起住，梅伊也懷了一對雙胞胎。梅伊和小李把生活安排得井然有序，隨著梅伊的肚子越來越大，他們也針對如何在孩子出生後調整自己的工作，擬定出一套縝密的計畫。到了生產的那一天，他們自信滿滿地前往醫院，準備好迎接人生的下一個篇章。

接著，令人難以置信的事發生了。在生產的過程裡，其中一個孩子因為缺氧，窒息死亡。「所有人都說，失去孩子是最痛苦的一件事。我會說，根本不要試著想

*2 「權力夫妻」是指在事業上（特別是在政壇或娛樂圈）都極為成功、具有影響力的夫妻。

像它，」小李回憶道，「那種痛苦用千言萬語也無法形容。這也令人極為困惑——我們手中抱著這個健康美麗的女娃，我們感到無比喜悅，並深深地愛上她，同時卻必須為她的姊妹安排葬禮。這種悲喜交集的情緒，實在讓人難以忍受。」

身為成績頂尖的常春藤名校畢業生，事業也十分成功的小李和梅伊，從未遭遇嚴重的挫敗。現在他們承受著巨大的打擊。因為極度悲痛，他們開始質疑每一件事。「因為我們太寶貝自己的女兒，開始對一切疑神疑鬼——我們選的保姆夠好嗎？我們是否需要整天在家照顧她？這件事發生後，我們的工作還有什麼意義？一切都變得不確定起來。」梅伊如此回憶。

在心理諮商師的幫助下，他們漸漸復原。小李開始在私人企業工作，五個月後，梅伊也回到公司上班。他們的情緒起起伏伏，悲傷成了他們生活的一部分。儘管如此，他們還是決定要好好地活著。為了活力充沛的女兒茱莉亞（Julia）著想，他們必須這麼做。

雖然小李和梅伊因為一場悲劇而展開第一次轉變，他們和其他處於關係早期階段的夫妻都遵循同樣的模式。他們努力將縝密的計畫付諸行動。因為兩人的工作都必須出差，他們經常爭論，應該以誰的工作為優先。他們也會為了茱莉亞的教養方式而爭吵，兩人都堅信，自己的方法才是對孩子最好的，甚至會為此貶低對方。簡而言之，他們剛為人父母的前三年，關係有些緊張。

然而，某個週末和 MBA 課程的同學們聚會時，有很多曾經身處類似階段的人都提到，他們已經找到突破的方法。這群朋友真誠地分享他們的經驗；每一對夫妻都說明了，他們如何克服這些困難。梅伊和小李才意識到，他們一直為了日常生活中的問題爭吵，卻沒有試圖解決那些潛在問題——應該以誰的工作為優先？他們想成為怎樣的父母親？他們要如何確保茱莉亞不會受苦，不再因此感到焦慮？經過一番討論之後，他們決定採行雙首要工作順位模式。他們也一致同意，將出差的時間縮減至百分之十、只應徵在紐約的工作（他們在這裡定居），同時讓他們的父母親多幫忙照顧茱莉亞（他們先前都很抗拒這件事）。

接下來的七年，他們過著穩定的生活、持續成長，並且勇敢冒險。小李和梅伊因為找到新的生活節奏而感到喜悅，他們加快了職涯發展的速度。他們第一次晉升至資深管理階層，兩個人都有很傑出的表現。與此同時，他們也開心地看著自己的孩子日漸成長。由於茱莉亞對許多事都充滿好奇，週末時，他們經常一起到博物館和動物園參觀，放長假時，則和祖父母一起到海邊度假。他們的生活既忙碌，又富有意義。

當他們展開第二次轉變時，正好是新創公司急速增加的時候。此時，小李和梅伊正值四十歲中期，他們都即將成為公司裡的高階主管。即便兩人都很成功，卻也因此開始懷疑，自己還能做些什麼。「我們這輩子都在為別人賺錢。我們具備知識與技術，我們都想自己經營一家公司。新創領域非常吸引人，尤其是我們很多朋友都在這時做出轉變，當中有些人取得了巨大的成功。」小李說。

在這股浪潮的刺激下，他們也想在新創領域尋求機會。小李受邀加入一個團隊，和他們一同創立專營高端時尚（high-end fashion）的電商公司。雖然薪水很少，但對方提供認股權（stock options）[*3]和執行長的職位給小李，這都令他難以抗拒。他做出這項改變，意味著梅伊必須晚一點換工作，因為他們需要她在私人企業上班的穩定收入。由於這家公司本身深具成長潛力，他們估計，她可以在一年至一年半後離開她的公司。

結果，一年半變成了三年。這段時間，梅伊都是家中的主要收入來源和孩子的主要照顧者。「新創公司太耗費心力了，」梅伊感嘆地說，「整整三年，小李都沒有休假，他幾乎每個晚上和每個週末都在工作。這實在太殘忍了。每當這家公司看似要起飛時，他們就會遭遇另一個挫敗。我試著堅持下去，但在那段時間結束前，我已經筋疲力竭。」

三年後，這家公司以失敗收場，小李說「它讓人感到絕望」。不僅僅是公司倒閉，小李和梅伊也損失了大筆積蓄（他們用這些存款投資這家公司）。小李深感內疚，他立刻接受了眼前的第一個工作機會，而梅伊則辭去了她的工作。她休養了半年。當她逐漸復原時，她獲得了人生中第一個董事席次。

這是一個巨大的改變。儘管梅伊仍保有轉換跑道的夢想，小李在新創公司的體驗使他們遍體鱗傷。這個新職位將為她帶來某種程度的影響力（這是她所嚮往的）；有了小李的鼓勵，她勇敢地做出嘗試。她的職涯再次向上攀升，小李的工作也重回正軌。梅伊說：「這是我們的職業生涯中最興奮的一段時期。我們得到許多外界的認可，因此太過沉醉。我們把家庭生活弄得一團糟，直到茱莉亞被診斷出厭食症，我們才察覺到這件事。」

「茱莉亞的診斷結果令我們心如刀割，」小李坦言，「我這輩子從來沒有這麼內疚過。我們已經失去了一個女兒，現在我們的自大又讓另一個女兒也陷入了險境。」他們立刻縮減工時，並展開家庭治療（family therapy）[*4]。雖然康復之路很

*3 認股權又稱為「認股選擇權」，是指企業賦予公司內部員工在特定期間內，用較低的價格認購公司股票的權利，藉以吸引或留任所需人才、提升向心力。

*4 家庭治療是指以家人為單位及對象的一種團體治療型態，經由語言、互動等治療模式，消除個人因家庭所產生的生理或心理症狀。

漫長，當茱莉亞過十六歲生日時，她已經恢復健康。為了慶祝這件事，他們全家人一起搭乘為期兩週的遊輪，輕鬆地遊覽加勒比海、度過歡樂的時光，同時應茱莉亞的要求，討論她上大學的計畫。

「所有父母親都會說，帶著孩子選擇大學並不是一件容易的事，」梅伊說，「參觀各所大學、準備學科能力測驗SAT、完成大學申請，兩年的時間轉眼間就過去了。突然間，家裡就只剩我們兩人。」

茱莉亞的離開，對他們是很沉重的打擊。他們這輩子第一次覺得人生失去了意義。他們意識到，從茱莉亞出生以來，他們就不停地奔忙。這一部分是因為他們有強烈的事業心，另一部分則是因為曾經失去一個女兒。他們藉由各種活動，以及寵愛另一個寶貝女兒，來忘卻悲傷，現在這股情緒又再度如浪潮般向他們襲來。他們如火如荼地展開了第三次轉變。

「這一次，我們知道我們必須好好地處理，」小李說，「而且這不只是悲傷的情緒而已。雖然很難承認，但在這段過程中，我們有點迷失了自己。」二十五年來，他們拚命努力，卻沒有留什麼時間給彼此。「在這段過程中，我們變成了冷冰冰的機器，」梅伊說，「忘了怎麼和對方相處。」他們發現彼此的關係變得疏遠，必須加以彌補，否則他們可能會漸行漸遠。

小李和梅伊很幸運，在大部分的職業生涯裡，他們都擁有很高的薪水。他們家教良好，再加上先前創業失敗的經驗，使他們謹慎地進行理財。他們的存款讓他們可以休假一年，用這段時間好好地審視，並且重新評估。很少夫妻能像他們這樣全心全力投入，思考第三次轉變最關鍵的問題——「我們想成為怎樣的人」，並找出答案。

「那是我們人生中最棒的一年，我們開啟了嶄新的篇章。」小李這樣告訴我。他們花了半年的時間，在中國（他們的出生地）從事公益活動；他們度了兩個月的假，剩下的四個月則待在家裡，梅伊形容這是一趟「重新認識彼此的旅程」。他們聘請了一位人生教練，幫助他們思考人生的下一個階段。他們也參加了很多訓練課程，同時也花很多時間相互討論，以及和朋友們交流。

他們發現，他們其實都想在生活中重新取得平衡，這令他們感到羞愧。（他們原本以為，對方還想繼續這樣下去。）他們想要為當地和中國的朋友奉獻更多心力，並且給予年輕人指導，讓他們也可以在工作上有所成就。但在建構多樣化的工作組合之前，他們還想挑戰公司裡的重大職位，對一家公司產生不可磨滅的影響。

我在不久後見到他們，一個人成為了執行長，另一個人則成了公司董事。他們都在各自的崗位上努力，同時給自己五年的期限——在六十歲時，建構出多樣化的工作組合，並擁有安定的生活。

很少人能像小李和梅伊這樣度過第三次轉變的掙扎期——休一年的假、聘請私人教練，以及參加各種訓練課程。不過，他們的態度是值得學習的。首先，他們刻意開闊自己的視野——從事新活動、回到家鄉，以及學習新事物，都是我們可以效法的。在週末和平日的晚上擔任志工或從事副業，思考家鄉對我們有何意義，以及透過書籍、網路課程等方式學習，都是我們可以做的事。

我之所以覺得小李和梅伊的故事發人深省，想在本章和你們分享，是因為它有助於破除人們對「權力夫妻」的迷思。我們經常在報章雜誌上讀到關於權力夫妻的文章，很難不對他們看似完美的生活感到羨慕，或因為自己遠遠不及他們而感到沮喪。吉安皮耶羅曾經買了一幅卡通圖畫給我，上面的說明文字寫著：「絕對不要拿你的內在和別人的外在做比較」；它現在掛在我辦公室的牆壁上。即便我每天工作時都看著它，我還是會忍不住相信，這些權力夫妻都把生活安排得井然有序，彷彿他們擁有了一切。但是，就像小李和梅伊的故事告訴我們的，不要光看表面，只要深入探討就會發現，這些夫妻的生活其實和我們極為類似。

小李和梅伊很幸運，他們非常聰明，也擁有支持他們的家人。他們努力不懈。從年輕時開始，他們就擁有龐大的物質資源。儘管如此，他們也和我們面臨同樣的挑戰。

因為小李和梅伊被媒體稱作「權力夫妻」，我很好奇，他們對這個稱呼有什麼看法。「當人們這樣稱呼我們時，我覺得那根本與事實不符，」梅伊說，「我的意思是，我們很平凡；我們和任何夫妻一樣，經歷過各種高低潮，但人們很難理解這一點。大家都預期，我們是完美的。我一直試圖向人們解釋，我們也曾經遭遇嚴重的挫敗，就跟其他人一樣。」

小李補充說：「我承認，我們確實有十分成功的時候。但諷刺的是，那些我們覺得很重要的時刻，反而是我們遭受挫敗的時候。茱莉亞生病時，我們非常痛苦，我們的婚姻也瀕臨破裂。現在我們即將離開受人矚目的職位，相信我，三年內不會再有人把我們稱為『權力夫妻』。但我現在覺得自己很成功；我們夫妻倆的感情很好、茱莉亞很健康，而且我們對未來也有明確的方向。」

希爾克和謝爾蓋：讓黃昏之戀能夠成功

那時，希爾克（Hilke）五十二歲、謝爾蓋（Sergei）四十九歲。長久以來，他們都不再對愛情抱任何希望。從二十五、六歲時開始，希爾克就一直在國內最具聲望的廣播公司擔任記者，她不曾有過一段長久的感情。她全心全力投入工作；成年後，她走遍戰亂地區，報導近來最殘酷的衝突。她之所以成為記者，是因為她認為這是她的天職。這樣的使命感讓她很輕易就接受微薄的薪水。

「我沒有房子、車子，或是任何一般成年人身上的束縛。我可以把所有的家當都放進兩個大旅行袋裡。我是一個四處流浪的人。」接著希爾克繼續說，她在二十歲後半至三十歲前半時有過幾段短暫的戀情，但都無法和某個人順利度過第一次轉變，並且變得相互依賴。「和戰地記者談戀愛並不有趣，而我一直不願意犧牲我的工作，因此我放棄了結婚之類的事。我也不曾想要孩子，所以我不覺得自己錯過了些什麼。多年來，我也有過一些熱烈的感情，對我來說，這樣就已經足夠了。」

謝爾蓋很年輕就結婚了。因為他是聯合國水資源組織（UN-Water）的官員，婚後的前兩年，他的妻子跟隨他到世界各地。謝爾蓋是一位工程師，專門為開發中國家設計並建造成本低廉的汙水處理設備。和希爾克一樣，他把這份工作視為自己的天職，為了在這個世界上有所作為，寧願放棄優渥的薪水與舒適的生活。當他的妻子懷了他們的第一個孩子時，他們決定讓她搬回他們的家鄉——一個位於俄羅斯聖彼得堡的地方。他們買了一間小公寓，謝爾蓋每三個月會回家幾週，他的妻子則一手包辦大部分的育兒工作。

他們生了兩個孩子。十年後，他們的婚姻瀕臨破裂。謝爾蓋的妻子對他發出最後通牒——如果他不回家、找一份能永遠待在俄羅斯的工作，她就會訴請離婚，並且要求孩子的完全監護權（full custody）。「我很苦惱，但我知道，若是離開這個領域，我會死。我想在世界各地解決問題，而不是在俄羅斯當個顧家的男人。雖然很難受，我還是同意離婚了。」與前妻和兩個孩子分開後，謝爾蓋開始四處流浪的生活（希爾克很熟悉這種生活方式）。在婚姻破裂後之後，他總是避免展開新戀情，十五年來，幾乎都處於單身的狀態。

希爾克和謝爾蓋在盧安達（Rwanda）基加利（Kigali）的一家飯店酒吧裡相遇。希爾克在那裡準備撰寫一系列文章，藉此記念盧安達大屠殺二十週年。（二十年前，作為一位年輕的奧地利戰地記者，她曾經報導過這場屠殺。）當時，謝爾蓋已經在城裡住了半年，正在距離盧安達兩個小時車程的鄉村建造汙水處理廠。

「你看，我是個俄羅斯男人，極度理性。但老實說，如果當天晚上你問我，我會說，丘比特就在那家酒吧裡。」

謝爾蓋和希爾克很合得來，因此墜入情網。三週內，他們就決定要長久在一起。

「對於這件事，我有各種合理的解釋，」希爾克說，「我們都正好面臨轉折點，思考著人生的下一個階段。我們都變得更為坦率。但事實是，我們愛上了彼此。我找到了我的靈魂伴侶。這花了我五十二年的時間，但我百分之百確定，我們是註定要在一起的。」

這對熱戀中的情侶決定住在雅典。在希臘金融危機爆發後，他們可以買得起在郊區海邊的公寓，生活開銷也很小。此外，雅典這個歐洲城市也很靠近中東和非洲。（他們大部分時間都在這兩個地方工作。）他們每個月至少會回新家一次；兩人都迎來了意外的轉變。

接下來的三年，希爾克說她「開啟了心靈的覺知」。她這輩子第一次關心自己的生活勝過那些報導。她不僅對謝爾蓋以及他們之間的關係感興趣，「我發現自己愛上了在開放水域游泳（open water swimming）。每天早上，我們會在吃早餐前去游泳，甚至冬天也是如此。這很難解釋，但在水裡，我的身心都進入了一個嶄新的世界。我也重新開始寫詩；自從大學畢業之後，我就沒有再寫過詩。」除了重拾過往的興趣、追尋新的愛好以外，希爾克也發現，愛情也影響了她的工作（但和她原本的預期不同）。

「這麼久以來，我之所以一直逃避戀愛，是因為我堅信它會對我的工作造成損害。我認為，若我沒有全神貫注，我就無法寫作和報導。但和謝爾蓋交往正好相反，我的工作表現變得更好。和這個很棒的男人在一起，我的心胸變得更開闊，我可以從人性的角度來撰寫關於戰亂地區的報導。這是以前的我做不到的事。我能夠更真誠地和人們產生連結，我的報導也觸及更深的層次，如果你懂我在說什麼的話。」

希爾克和謝爾蓋主動關心彼此的工作，他們這段感情對希爾克帶來的影響，也同樣反映在謝爾蓋身上。即便謝爾蓋一直覺得自己的工作是一種使命，他對工作的熱情也開始逐漸消退。然而，和希爾克在一起後，他覺得自己又找回了熱情與活力。「對我而言，我的工作變得更重要，同時也更不重要。我有各式各樣的想法，我想要嘗試新事物。但我和過去有點不同。我會說，現在的我更投入，卻也更抽離。我認為，希爾克讓我的工作表現變得更好。」和希爾克一樣，謝爾蓋也發現，在執著了二十五年的使命之外，自己的興趣變得更為廣泛。他第一次覺得，退休沒有那麼可怕。

希爾克和謝爾蓋相遇並相戀，正好是他們面臨第三次轉變的時候。就像希爾克所說，他們都開始思考自己在人生的下一個階段，想要成為怎樣的人。他們都察覺到，原本的生活方式將無法持續下去，但結束這樣的生活之後，自己又沒有可以填補因為喪失自我認同所產生的空虛感的事物。不同的是，他們現在一起面對這個問題。由於他們天生充滿好奇心，先前的轉變也沒有留下什麼未了結的問題，他們所面臨的掙扎比較像是希爾克口中的「開啟與轉化」，而不是有什麼難題要克服。他們在審視過去十年的職業生涯時，賦予自己新的使命，同時心裡也有種很強烈的感覺——當他們的職涯劃下句點時，他們將欣然迎接人生的下一個篇章，不會有太多遺憾。

希爾克和謝爾蓋的故事確實很獨特。但我之所以在這裡分享他們的故事，是因為一般人都認為，雙薪夫妻能期待的頂多是經由協商與妥協，把對彼此工作的傷害降到最低，並維繫兩人之間的關係，他們的故事卻顛覆了這樣的想法。我從希爾克和謝爾蓋，以及其他夫妻的故事中發現，他們的感情都幫助他們成為現在的自己。正因為有了這段感情，他們才能在工作上有所成就；他們並非獨自打拚，而是和另一半一起努力，才能變成自己想要的模樣。他們變得更成功，不是因為犧牲兩人之間的感情，而是這段感情使然。

每當我想到希爾克和謝爾蓋時，我就想起列夫・托爾斯泰（Leo Tolstoy）曾說：「若一個人懂得如何工作、如何去愛，他就可以活得很精彩。不但要為自己所愛的人工作，也要熱愛自己的工作。」曾經，希爾克和謝爾蓋都堅信工作與愛情互不相容，最後他們都因為愛上彼此，開始懂得如何去愛，並且活得精彩。

戀愛與工作的技術

在探討愛情的書籍裡，我最喜歡的是精神分析學家埃里希・佛洛姆（Erich Fromm）[*5]所寫的《愛的藝術》（*The Art of Loving*）。[1]在這本書的書名中，佛洛姆用的是「戀愛」（loving），而不是「愛情」（love）這個字；他主張，愛是一門技術，可以每天學習與練習。那些擅長戀愛的人，把它視為能不斷磨練、運用並享受的一種技術。佛洛姆在一九五〇年代寫出這本傑作，那時「雙薪家庭」這個字眼還沒有出現，人們通常把愛情與事業分開看待。男性負責工作，女性則關心愛情。現今多數的男性與女性都試圖兼顧兩者，不再只做好其中一個部分。我們努力精進戀愛與工作的技術；我們試著將它們融合在一起，讓我們和另一半都能擁有成功的事業與圓滿的愛情。

在研究和撰寫這本書的過程裡，我領悟到，「將愛情與事業融合在一起」這件

*5　埃里希・佛洛姆，德國著名社會心理學家和哲學家，是精神分析文化學派中，對現代人的精神生活影響最大的學者。他擅長以社會學的角度看待現代人的心理與行為，試圖以人本主義精神分析理論來改善現代人的處境與精神狀態，他同時也是人文主義倫理學的倡導者。

事本身就是一門技術。書中沒有速成方法或要訣，也沒有通用祕訣或條列式訣竅，可以確保你們的事業成功、愛情圓滿。或許有些讀者會因此感到失望，尤其是現在很流行所謂的「思想領袖」（thought leader），他們會針對人們急需解決的問題，提供完整的解決方案。我想在這裡提供的，是一種心態上的指引。

有句話說：「愛情與工作是人性的基礎。」雖然它在西格蒙・佛洛伊德（Sigmund Freud）已經出版的作品裡不曾出現，一般人普遍都認為，這句話出自他的口中。他寫過最接近的文字應該是「人類的生命都有兩個根基，一個是因為外在需求所引發的工作慾望，另一個是愛情的力量。」[2] 佛洛伊德極有洞見——**今日雙薪夫妻之所以面臨困境，就是因為我們既想擁有成功的事業，也想擁有圓滿的愛情。然而，我們往往太重視工作，卻忽略對愛情付出的重要性**。上次有人因為你擁有圓滿的愛情而向你道賀，是什麼時候的事呢？

我們可以輕易地否認我們看待愛情與事業時的這種落差。「誰會在生命垂危時說，他希望自己過去更拚命工作？」我們大聲喊道。當然，愛情比工作更重要。我們或許這樣深信，但我們的實際行為通常不是如此。儘管工作不會像情人一樣愛我們，也不需要因此忽視它。事實是，工作為我們多數人的人生賦予意義，讓我們感到充實。否認這一點，就等於否定人性。此外，我們看待愛情與事業時的落差，也使我們認為兩者是對立的。若我們在其中一個部分有所成就，另一個部分就會受到影響。這樣的邏輯讓我們的愛情與事業變成了一種零和遊戲。但不該是如此。

能成就彼此的夫妻把雙薪家庭面臨的挑戰視為一門技術。我們該怎麼做？首先，我們必須承認戀愛與工作都很重要（它們都能讓我們的心靈得到滿足），然後依照這種認知行事。它們帶給我們不同的快樂、對我們有不同的要求，但它們都是我們人生中很重要的一部分，我們必須在兩者之間取得平衡。

第二，我們必須每天主動在愛情與工作上投入心力。我刻意使用「投入」（invest）這個字。當我們對某件事投入心力時，我們奉獻時間與精力，希望能有所成果。在愛情裡，這樣的投入包含給予另一半百分之百的關注、接受困難的溝通、表達體貼、享受愉悅的性生活，以及把對方放在心上。如此一來，你們之間的關係就會變得穩固而圓滿。在工作中，這樣的投入則包含盡全力做到最好（並協助周遭的人這麼做）、遵循自己的使命（而非迎合他人的期待），以及持續學習新事物、進行自我開發。如此一來，你的工作就會變得有趣、令人滿足且深具意義。

第三，我們得努力在愛情與事業中，讓自己變得更好。我們必須求知若渴地學習。我們必須像藝術家一樣，絕對不能自我欺騙，認定自己已經掌握戀愛與工作的最好方法。我們要一直找尋改善的方法，藉此精進我們的技術。最後，我們必須一起做這些事。因為戀愛與工作的技術不是我們可以獨自掌握的；我們得一起學習。

我和吉安皮耶羅曾經刻意將我們的第一次共同演說命名為「兩個人一起做」（Doing it Together）；有好幾個月，這也是本書的暫定書名。歐洲工商管理學院（Institut Europêen d'Administration des Affaires，簡稱 INSEAD）MBA 課程的學生邀請我們去分享作為雙薪夫妻的心路歷程，並指出雙薪夫妻會面臨的課題（包含我的研究內容），希望能對他們的職涯發展有所幫助。在為演講做準備時，我們很輕易就站在聽眾的立場思考。

當我修完 MBA 課程之後，我們遇見彼此並開始交往。「我們搬到蘇黎世去吧，」第二次約會時，吉安皮耶羅如此提議，「我們可以花半年的時間，專心經營這段關係。你看，如果你接受其中一家顧問公司的工作，你就不會想要花半年的時間執行一項專案。讓我們把時間花在彼此身上吧。」當時我被愛情沖昏了頭，若這個男人說要搬到南極，我都會跟他一起去。

幾週後，我們坐在西西里曲折的岩岸邊，為了抵擋十二月強勁的海風，全身包得緊緊的。我們開了一瓶酒，拿出兩個杯子、一本記事本和兩枝筆。這件事我們已經在工作上做過數百次，這次則是為了我們的感情——我們把我們想從這段關係中獲得的東西，以及心裡的擔憂都寫下來，並且和對方分享。經過漫長的對話後，我們都同意在迫不得已時，可以為了我們的感情犧牲工作。我們似乎也陷入了零和遊戲裡。

從二〇〇四進入二〇〇五年時，我們搬進了蘇黎世的一間小公寓，屋內擺設的是便宜的 Ikea 家具和極為昂貴的酒杯。那是一段為期一年半的蜜月期。我們經常一起工作、讀書。我申請博士班、吉安皮耶羅找工作，最重要的是，套用佛洛姆的說法，我們「在愛裡堅持」（stand in love）。

那是很久以前的事了。我們都已經擁有全職工作超過十年，有了孩子，身上又多了很多責任（這超乎我們原本的想像）。我們擁有彼此、幾個朋友，還有一點點錢，以及許多偉大的夢想。有時候，當我想起那時二十八、二十九歲的我們（嗯，其實只有我而已），大膽地放下工作，同時把愛情當成一項專案，投入大量的心力時，還是會令我有些感傷。愛情不該是如此勇敢。又或者，它一直都是，這樣它才能保有神祕的魔力。

現在我們是怎樣的人？

♥ **轉變的本質**

填補因為失去前兩次轉變時確立的重要角色而產生的空虛感。

♥ **契機**

角色轉換，例如成為經驗最豐富的員工、孩子離開家的空巢老人，以及被當作老年人看待，導致自我認同喪失，進而產生空虛感與失落感，但同時也帶來新的機會。

♥ **關鍵問題**

現在我們是怎樣的人？

夫妻必須在緬懷過去的同時，擁抱角色轉換所帶來的新機會，然後相互配合、調整，支持彼此變成自己想要的樣子。

♥困境

・因為前兩次轉變未了結的問題嘗到苦果。
・你們的視野漸趨狹隘，無法將新機會納入考量。

♥解決方法

根據新的目標與優先事項，思考自己可能會成為怎樣的人，接著以過去的成就為基礎，進行自我改造，同時為未來開拓更多可能性。

♥工具

共同愛好：培養共同的興趣或目標，讓兩人活得更加圓滿（第8章）。

♥思考重點

再次成為探索者：建立正確的心態，將使你們開啟強大的能力，一起重獲新生（第9章）。

附錄　努力做完每一件事

二〇一一年夏天，我和吉安皮耶羅在法國的家裡收拾東西。我們盡可能地把家當都塞進四個特大號的行李箱內，然後搭乘前往波士頓的班機，手中還抱著兩個年幼的孩子。我們將在哈佛商學院（Harvard Business School）待上一年的時間——吉安皮耶羅受邀擔任該校的客座教授，我則是擔任博士後研究員。當我們適應了新環境之後，我開始對美國媒體的某種論述深感興趣。那時候，雪柔・桑德伯格（Sheryl Sandberg）剛在 TED 上發表重要演講「為什麼我們的女性領導者這麼少」；她後來寫了《挺身而進》（*Lean In: Women, Work, and the Will to Lead*）這本書。

桑德伯格有句名言「你做出最重大的職涯選擇，就是決定自己的結婚對象」，引起許多人的關注。我完全同意桑德伯格的觀點，但當媒體熱烈討論親密關係在職業生涯中所扮演的角色時，我卻發現，沒有實證研究（empirical research）[*1]能針對這一點進行詳細的說明。

我花了好幾週的時間坐在貝克圖書館（Baker library）[*2]裡搜尋電子資料庫，結果找到大量關於工作與生活平衡（work-life balance）和家務分工的研究、一系列關於女性何時與為何退出就業市場的文章，以及幾篇夫妻何時與為何排定工作順位的論文。雖然它們吸引了我的注意，卻無法解答我心中的疑惑——**我們的伴侶究竟何時、如何成為家中的「工作助力」（我想不到其他更好的說法），又在何時變成一種負擔？**難道只是遇見真命天子或真命天女，從此就「奮勇向前」了嗎？還是情況更錯綜複雜，兩個人必須一起持續努力，將愛情與事業融合在一起？夫妻要如何兼顧兩份工作？我的個人興趣引起很多專業人士的共鳴，於是我花了好幾年的時間，針對雙薪家庭進行研究。

---

*1　實證研究是指研究者藉由大量的觀察、實驗與調查，獲取客觀資料，經過歸納後，總結出具有普遍意義的結論或規律，再將這些結論或規律放回現實中進行檢驗的一種研究方法。

*2　貝克圖書館是位於哈佛商學院校區內的一座圖書館。

研究樣本

我曾經和巴斯大學的組織行為學（organizational behavior）教授奧蒂莉亞・歐巴達魯，一起進行一項雙薪家庭的研究計畫，我後來將相關內容加以延伸，寫成了這本書。在這項研究裡，我們的目標在於，揭示雙薪夫妻如何影響彼此形塑工作身分，以及他們怎麼體會並解釋這些身分之間的關係。在研究過程中，我開始對更廣泛的問題深感興趣——雙薪夫妻隨著時間發展，他們會面臨什麼挑戰，以及他們之間的關係如何影響他們的工作（反之亦然）。當我和奧蒂莉亞的研究告一段落時，我開始蒐集更多夫妻的故事。

我經由三種主要管道募集受訪者——歐洲工商管理學院校友資訊網（從二〇一二年起，我就在這所學校擔任教授）、朋友私下推薦，以及在得知我的研究後，主動與我聯繫的人。我遵照喬伊・皮克斯利（Joy Pixley，另一位研究雙薪家庭的學者）的建議，先向這些人確認，他們是否認定自己是雙薪夫妻。[1] 接著，我會透過履歷表確認，他們兩人都擁有自己的職業——接連從事幾份工作，這些工作都必須投入較多心力，而且能持續得到某種程度的發展。[2]

我並非隨機選取樣本，而是以社會科學家所謂的「理論抽樣」（theoretical

sampling）*3作為基礎。同樣地，我也以完善的「持續分析法」（constant comparison method）*4分析訪談資料。[3]此外，我的資料蒐集與分析有著極為密切的關係。在研究過程中，我持續募集新受訪者加入我的研究，將他們和我已經訪問過的那些夫妻進行比較與對照，看看兩者在工作類型、企圖心強弱、家庭狀況、年齡、關係長短方面有何落差。在蒐集資料的過程裡，我會用新加入的夫妻填補這些落差。

我蒐集了一百一十三對夫妻的故事。在這些研究樣本當中，年齡從二十六至六十三歲都有（平均年齡四十四歲）。這些夫妻多半（總共有七十六對）處於第一段認真的感情裡，其餘的夫妻（三十七對）則處於第二段，甚至是第三段婚姻。他們來自三十二個國家，種族、宗教十分多元。在我進行研究時，大約有百分之三十五的夫妻住在北美洲、百分之四十的夫妻住在歐洲，剩下的百分之二十五則住在世界其他地方。在六十八對夫妻裡，至少其中一人有孩子。有一百零二對夫妻是

*3 理論抽樣是指在進行質性研究時，以和建構中或已獲證實之理論相關的概念作為基礎所進行的抽樣；其中抽樣的單位是事件（而非個人），因為重點在於，蒐集實際行為相關的資料，並經過分析、統整，建立紮根理論（grounded theory）。

*4 持續分析法又譯為「經常性分析法」，是指在進行質性研究時，從蒐集到的資料中擷取資訊，加以比較、歸納的系統化歷程。

異性戀，十一對夫妻是同性戀。儘管我沒有刻意限制性別取向，最終樣本並沒有包含任何跨性別伴侶[*5]。

在這些研究樣本當中，只有百分之六十以下的夫妻在私人企業工作。其餘的百分之四十則平均分布在其他領域，例如從事醫療、法律、學術研究等相關工作，創業家、公職人員，以及在非營利組織工作。

訪問方法

在訪問每一對夫妻時，我會針對他們進行個別訪問，並要求他們不能對外（包含他們的伴侶）透露訪談內容。如此一來，他們就能暢所欲言，而我也可以將夫妻倆的說法相互比較。在個別訪談結束後，某些夫妻會希望一起受訪，我都會答應他們的請求。我以人生故事作為訪談架構，要求受訪者描述他們的交往歷程（從相識一直到他們預想中的未來）。[4] 我們談論的話題包含兩人的夫妻關係與職涯發展、夫妻關係與職涯發展之間的相互影響，以及他們的交友圈等。在訪問那些身處第二或第三段婚姻的夫妻，我也會針對他們之前的婚姻，詢問類似的問題。

這些訪談沒有預設任何立場，我通常都會先跟受訪者說：「請告訴我，你和另一半當初是怎麼認識的。」多數訪問都持續兩個小時以上（從一到四個小時都有）。在訪談結束之後，我多半會和受訪者交換電子信箱，以了解他們的後續發展。每一次訪問我都會錄音，並且把訪談內容轉換成文字。

此外，我也訪問了三十二家公司的人力資源部主管（這些公司分布在科技、醫療、專業服務等產業），用來補足這些研究樣本缺少的部分。這使我更深刻地認識到，公司如何看待並因應雙薪家庭逐漸增加這件事。我也針對我在歐洲工商管理學院的學生（他們正努力應付雙薪家庭的問題）、研究類似主題的學者，以及人力資源管理師，進行許多較為簡短的訪問。為了證實我的發現，我針對雙薪夫妻做簡報、舉辦講座，因此獲得了更多夫妻的故事和意見。這都讓我在書裡提出的各種論點變得更加完善。

*5 跨性別者（transgender）是一個統稱，意指性別認同或性別表達與出生時醫生判定的性別不同的人。有些跨性別者會透過荷爾蒙療法、外科手術和其他方式改變自己的身體，使其符合他們的心理性別認同，但並非所有的跨性別者都願意採取這些醫療行為。

分析訪談內容

我這項研究的目的是建立一套理論，而不是檢驗某個理論。我遵循紮根理論（grounded theory）[*6]的發展過程，進行歸納與分析，讓議題從資料中自然地浮現出來。[5]就像我在前面提過的，在蒐集資料的同時，我也對訪談內容進行分析。當各種議題與共通模式從我早期的資料分析中浮現出來時，我會將訪問大綱略作調整，並且在之後的訪談裡探討它們。

我把每一對夫妻都視為獨立個案，每一個個案都可以證實或否定我先前的理解。在針對一對夫妻進行分析時，我會先分別檢視他們各自的訪談記錄，試著找出兩人和其他受訪者（包含處於類似職涯與人生階段的受訪者）之間的相似處，並將他們加以歸類。接著，我會一併檢視他們的訪談記錄，分析兩人之間的相互關係。這意味著我必須確認，夫妻倆在描述特定事件或轉捩點時，是否存在分歧。

在訪問並分析了約三十對夫妻的訪談記錄後，「三次轉變」的分類開始浮現出來。這時，我藉由前面提過的理論抽樣法，確認我在每一次轉變，以及中間的過渡期都有足夠的樣本數，能做出有意義的比較，並鞏固我的理論基礎。

在這個階段，我反覆來回檢視我蒐集到的資料、剛建立的理論，以及各種自我認同、成人心理發展、親密關係、依附關係、組織行為的相關文獻。因此，我的分析變得更深入、理論變得更完善，同時我也挑選新受訪者加入我的研究。經過五年的資料蒐集、分析、理論建立與寫作，我完成了這本書。衷心希望你們喜歡這本書，也希望它能幫助你們成就彼此！

*6 紮根理論又稱為「基礎理論」或「深入理論」，是質性研究中的一種研究方法，此種方法不從理論開始，而是從蒐集到的資料裡，尋求並建構有意義的內涵。因此，這種方法適用於尚未被廣泛研究，或對特定族群、地區的研究尚未有明確連結的領域。

致謝辭

如果沒有這些夫妻慷慨分享他們的人生故事，就不會有這本書的誕生。雖然只有一小部分的故事被寫進書裡，我從我訪問的每一對夫妻身上學到了很多，令我感激萬分。儘管基於保密原則，我無法一一說出他們的名字，他們明白這一切。

吉安皮耶羅使我深受啟發，開始著手撰寫這本書；他一直支持我、給我建議，也是我的靈感來源。他在我沮喪時鼓勵我，在我開心時和我一起慶祝；他晚上經常讀書中的內容讀到很晚，並提供我寶貴的意見。我何其幸運，可以擁有他、參與他的人生，並且與他和孩子們一起生活。我之所以成為現在的自己，有很大一部分是因為吉安皮耶羅。這本書可能是我寫過最長的一封情書，但它將不會是最後一封。

我們的孩子皮耶特羅和亞莉安娜一直對這本書的事感到興奮。他們一起討論書名和封面、督促我設立交稿期限（這甚至使我必須在和家人度假時進行寫作），同時讓我在寫作過程裡保有清晰的思緒。他們為我帶來快樂。現在我保證，我們將一起完成這本不可思議的書。

寶拉・費里拉（Paula Ferriera）是一位很棒的保姆，她把我們的家庭生活安排得井然有序，也給予我們無盡的支持與關愛。有她參與我們的人生，我們非常幸運。

我有許多很棒的同事，他們在這段過程中，聆聽我的構想、對我的論點提出質疑，也經常給我鼓勵。最初和我一起研究雙薪家庭的同事兼好友奧蒂莉亞・歐巴達魯，為這份研究成果打下穩固的基礎，我心中充滿了感激。艾琳・瑞德（Erin Reid）和拉克希米・拉馬拉揚（Lakshmi Ramarajan）不但督促我寫作，也跟隨我進行研究。在這段過程中，許多歐洲工商管理學院組織行為學領域的同事都不吝給予協助，這所學校也提供充足的養分，使我的研究有所進展。

我要特別感謝諾亞・阿斯金（Noah Askin）、德瑞克・迪希（Derek Deasey）、戴克蘭・費茲西蒙斯（Declan Fitzsimons）、史賓賽・哈里森（Spencer Harrison）、張秀真（Sujin Jang）、佐伊・吉尼亞斯（Zoe Kinias）、艾琳・梅耶（Erin Meyer）和梅特・斯圖爾（Mette Stuhr）。斯文嘉・韋伯（Svenja Weber）和海蒂・阿斯金（Heidi Askin）曾經對書中某些章節的初稿提供寶貴的意見。此外，我格外感謝荷蜜妮亞・伊巴拉，多年來，她一直是（也將永遠是）一位出色的導師、榜樣，同時也是我的好友。即便我們已經認識超過十年，我仍舊覺得她有很多值得我學習的地方。

在我撰寫並出版第一本書的過程裡，哈佛商業評論出版社（Harvard Business Review Press）的編輯莎拉・葛林・卡麥可（Sarah Green Carmichael）為我提供指引，她充滿熱情且見解獨到。她始終支持我的研究（甚至在我開始這項研究之前）；熱愛寫作的她文筆優美流暢，她的文字深具啟發性與感染力，足以改變人們的生活。企鵝出版社（Penguin）的莉蒂亞・雅迪（Lydia Yadi）也奉獻了極大的心力、嫻熟地處理我的稿件，並在出版過程中，為我提供指引。

我的好友兼同事克里斯・史蒂芬生・德瑞克（Chris Stephenson Drake）擔任我的研究助理，他仔細查找參考文獻、瀏覽文本，使我可以維持正軌。我的摯友安娜・羅伯茲（Anna Roberts）也是一位作家，她讓我在寫書的那幾年裡，思緒更清晰，而且感覺較不孤單。在我發現自我、逐漸成為目前模樣的漫長過程中，戴比・艾格（Debbie Egger）都一路指引著我。她敏銳的洞察力、有力的質疑和溫暖的愛，使我勇敢面對自己內心的黑暗面，這對我的作品、對這本書，以及其他各方面都有深遠的影響。

家人和朋友都給予我滿滿的關愛與支持。我要特別感謝我的兄弟丹（Dan）和他的妻子麗茲（Liz），以及我的父母親——他們是我認識的第一對雙薪夫妻，使我這一生都對人們的工作與親密關係充滿好奇；他們建議我往學術界發展，以此維生，同時發揮我的好奇心。還有我最親愛的老朋友艾莉森（Alison）和保羅（Paul），當我們一起變老，並且持續為生活與愛情而努力時，依然有許多驚奇的事能和彼此分享。

關於作者

珍妮佛・彼崔格里利在歐洲工商管理學院擔任組織行為學副教授。（歐洲工商管理學是一所國際商學院，在法國、新加坡、阿布達比都設有校區。）她主要研究自我認同、領導力、職涯發展等領域，並教授相關課程。她對親密關係、各種危機，以及充滿不確定性的時刻如何影響一個人，讓他們變成現在的模樣特別感興趣。

珍妮佛是英國公民，在歐洲工商管理學院取得組織行為學的博士學位。她也擁有瑞士洛桑管理學院（International Institute for Management Development，簡稱IMD）的MBA學位，以及英國諾丁漢大學（University of Nottingham）的遺傳學學士學位。在歐洲工商管理學院任教前，她在哈佛商學院擔任組織行為學博士後研究員。曾經在三大洲居住並工作的她，現在與義大利籍丈夫吉安皮耶羅和兩個孩子定居法國。她很享受雙薪家庭的生活，平常喜歡烹飪、爬山，或在庭院裡消磨時光。

參考文獻

第1章

1.*Pew Research Center, Raising Kids and Running a Household: How Working Parents Share the Load* ," Social and Demographic Trends, 2015, http://www.pewsocialtrends.org/2015/11/04/ raising- kids- and- runninga-household- how-working-parents-share-the-load/; Offi ce for National Statistics, *Families and the Labour Market, England: 2017* , https://www.ons.gov.uk/employmentandlabourmarket/peopleinwork/employmentandemployeetypes/articles/familiesandthelabourmarketengland/2017#employment-ratefor-mothers- increased- by- 118- percentage-points-over-the-past-2-decades; and G. Cory and A. Stirling, *Who's Breadwinning in Europe? A Comparative Analysis of Maternal Breadwinning in Great Britain and Germany* (London: Institute for Public Policy Research, 2015), https://www.ippr.org/fi les/publications/pdf/whos-breadwinning-in-europe-oct2015.pdf.

2.A. Shimazu, K. Shimada, and I. Watai, " Work– Family Balance and Well- Being among Japanese Dual- Earner Couples: A Spillover–Crossover Perspective," in *Contemporary Occupational Health Psycholog y: Global Perspectives on Research and Practice* , vol. 3, ed. L. Stavroula and R. R. Sinclair (New York: Wiley, 2014), 84–96.

3.S. Meers and J. Strober, *Getting to 50/50: How Working Parents Can Have It All* (Jersey City, NJ: Viva Editions, 2013).

4.P. Amato and F. Rivera, "Paternal Involvement and Children's Behavior Problems," Journal of Marriage and Family 61, no. 2 (1999): 375–384; and E. Cooksey and M. Fondell, "Spending Time with His Kids: Eff ects of Family Structure on Fathers' and Children's Lives," *Journal of Marriage and Family* 58, no. 3 (1996): 693–707.

5.N. Chethik, *VoiceMale: What Husbands Really Think about Their Marriages, Their Wives, Sex, Housework, and Commitment* (New York: Simon & Schuster, 2006).

6.L. Price Cooke, "'Doing' Gender in Context: Household Bargaining and Risk of Divorce in Germany and the United States," *American Journal of Sociology* 112, no. 2 (2006): 447–472.

7.US Department of Labor, Bureau of Labor Statistics, *Number of Jobs, Labor Market Experience, and Earnings Growth Among Americans at 50: Results from a Longitudinal Study* , news release, 2017, https://www.bls.gov/news.release/pdf/nlsoy.pdf; J. Meister, "The Future of Work: Job Hopping Is the 'New Normal' for Millennials," Forbes , August 14, 2012, https://www.forbes.com/sites/jeannemeister/2012/08/14/ the- future- of- work- job- hopping- is-the-newnormal-for-millennials/#4fc9009713b8; and A. Doyle, *Bureau of Labor Statistics*(BLS): *There's No Better Place Than the BLS to Explore Job and Career Information* , https://www.thebalance.com/how- often-do-people-change-jobs-2060467.

8.A. Gini, My Job, *My Self: Work and the Creation of the Modern Individual* (New York: Routledge, 2000).

9.E. Erikson, *Childhood and Society* (New York: W. W. Norton & Co, 1950).

10.D. Levinson, *The Seasons of a Man's Life* (New York: Ballantine Books, 1978); D. Levinson, The Seasons of a Woman's Life (New York: Ballantine Books, 1997); and R. Kegan, *The Evolving Self: Problem and Process in Human Development* (Cambridge, MA: Harvard University Press, 1982).

11.J. E. Pixley, "Career Prioritizing in Dual- Earner Couples," in *Women, Feminism, and Femininity in the 21st Century: American and French Perspectives,* ed. B. Mousli and E. A. Roustang- Stoller (New York: Palgrave Macmillan, 2009), 79–105.

12.S. Stossel, *My Age of Anxiety: Fear, Hope, Dread, and the Search for Peace of Mind* (New York: Knopf, 2014).

第 2 章

1.R. M. Kreider and R. Ellis, "Number, Timing, and Duration of Marriages and Divorces: 2009," Household Economic Studies, US Census Bureau, Current Population Reports, 2011, https://www.census.gov/prod/2011pubs/p70-125.pdf; and D. Rotz, "Why Have Divorce Rates Fallen? The Role of Women's Age at Marriage," *Journal of Human Resources* 51, no. 4 (Fall 2016): 961–1002.

2.R. Kegan and L. Lahey, *Immunity to Change: How to Overcome It and Unlock the Potential in Yourself and Your Organization* (Boston: Harvard Business Press, 2009).

3.S. Iyengar, *The Art of Choosing* (Boston: Little, Brown, 2010).

4.D. W. Winnicott, *The Collected Works of D. W. Winnicott* , ed. L. Caldwell and H. Taylor Robinson (Oxford: Oxford University Press,

2017); and J. Bowlby, *A Secure Base: Clinical Applications of Attachment Theory* (Abington, UK: Routledge, 1988).

5.J. Gottman, *The Seven Principles for Making Marriage Work: A Practical Guide from the Country's Foremost Relationship Expert* (New York: Harmony Books, 2000).

6.Gottman, *The Seven Principles*.

7.T. N. Radbury and F. D. Fincham, "Attributions in Marriage: Review and Critique," *Psychological Bulletin* 107, no. 1 (1990): 3–33.

8.J. H. Fowler and N. A. Christakis, "Cooperative Behavior Cascades in Human Social Networks," *Proceedings of the National Academy of Sciences of the United States of America* 107, no. 12 (2010): 5334–5338.

9.J. M. Gottman, *Why Marriages Succeed or Fail: And How You Can Make Yours Last* (New York: Simon & Schuster, 1994).

第3章

1.K. Weisshaar, "From Opt Out to Blocked Out: The Challenges for Labor Market Re- entry After Family- Related Employment Lapses," *American Sociological Review* 83, no. 1 (2018): 34–60; S. A. Hewlett, L. Sherbin, and D. Forster, " Off - Ramps and On- Ramps Revisited," *Harvard Business Review, June* 2010; S. A. Hewlett et al., *Off - Ramps and On- Ramps Revisited* (New York: Center for Work- Life Policy, 2010).

2.P. Stone and M. Lovejoy, " Fast- Track Women and the 'Choice' to Stay Home," *Annals of the American Academy of Political and Social Science* 66 (2004): 75–79; Hewlett, Sherbin, and Forster, " Off - Ramps and On- Ramps Revisited"; Hewlett et al., *Off - Ramps and On- Ramps Revisited*.

3.P. Stone, *Opting Out? Why Women Really Quit Careers and Head Home* (Berkeley and Los Angeles: University of California Press, 2007).

4.S. A. Hewlett and C. L. Buck, " Off - Ramps and On- Ramps: Keeping Talented Women on the Road to Success," *Harvard Business Review*, March 2005.

5.A. Crittenden, *The Price of Motherhood: Why the Most Important Job in the World Is Still the Least Valued* (New York: Metropolitan Books, 2001).

6.D. Kahneman, *Thinking, Fast and Slow* (New York: Macmillan, 2011).

7.Weisshaar, "From Opt Out to Blocked Out."

8.K. Weisshaar, " Stay- at- Home Moms Are Half as Likely to Get a Job Interview as Moms Who Got Laid Off ," hbr.org, February 22, 2018, https://hbr.org/2018/02/ stay- at- home- moms- are- half- as- likely- to- get- a- jobinterview-as-moms-who-got-laid-off .

9.P. Stone, *Opting Out?*

10.Hewlett and Buck, " Off - Ramps and On- Ramps."

11.J. Brines, "Economic Dependency, Gender, and the Division of Labor at Home," *American Journal of Sociology* 100, no. 3 (1994): 652–688.

12.S. Meers and J. Strober, Getting to 50/50: *How Working Parents Can Have It All* (Jersey City, NJ: Viva Editions, 2013); and S. Sandberg, *Lean In: Women, Work and the Will to Lead* (London: W.H. Allen, 2013).

13.Pew Research Center, *Raising Kids and Running a Household: How Working Parents Share the Load* ," Social and Demographic Trends, 2015, http://www.pewsocialtrends.org/2015/11/04/ raising- kids- and- running- ahousehold-how-working-parents-share-the-load/.

14.Offi ce for National Statistics, *Women Shoulder the Responsibility of "Unpaid Work,"* Employment and Labour Market Report, United Kingdom, 2016, https://www.ons.gov.uk/employmentandlabourmarket/peopleinwork/earningsandworkinghours/articles/womenshouldertheresponsibilityofunpaidwork/2016-11-10.

15.T. Dufu, *Drop the Ball: Achieving More by Doing Less* (New York: Flatiron Books, 2017).

第 4 章

1.I.Padavic, R. Ely, and E. Reid, "Explaining the Persistence of Gender Inequality: The Work- Family Narrative as a Social Defense against the 24/7 Work Culture," *Administrative Science Quarterly* (forthcoming).

2.S. Iyengar, *The Art of Choosing* (Boston: Little, Brown, 2010).

3.G. Ramey and V. A. Ramey, *The Rug Rat Race* (Cambridge, MA: National Bureau of Economic Research, 2009).

4.The NICHD Early Child Care Research Network, ed., *Child Care and Child Development: Results from the NICHD Study of Early Child Care and Youth Development* (New York: Guilford, 2005).

5.J. Bowlby, A Secure Base: *Clinical Applications of Attachment Theory* (Abington, UK: Routledge, 1988).

第 5 章

1.C. G. Jung, *The Collected Works , vol. 6, Psychological Types* (London: Routledge and Kegan Paul, 1971).

2.A. Van Gennep, *Les rites de passage* (1909; Paris: Emile Nourry, 1964); V. Turner, "Betwixt and Between: The Liminal Period in Rites of Passage," *Proceedings of the American Ethnological Society* , Symposium on New Approaches to the Study of Religion (1967): 4–20.

3.H. Ibarra and O. Obodaru, "Betwixt and Between Identities: Liminal Experience in Contemporary Careers," *Research in Organizational Behavior* 35 (2016): 47–64.

4.W. Bridges, *Transitions: Making Sense of Life's Changes* , 2nd ed. (Cambridge, MA: Da Capo, 2004), 142.

5.H. Ibarra, *Working Identity: Unconventional Strategies for Reinventing Your Career* (Boston: Harvard Business Press, 2004).

6.US Census Bureau, "Number of Divorced Individuals in the United States in 2016, by Age and Sex," *Statistics Portal* , https://www.statista.com/statistics/687930/ number- of- divorced- individuals-by-age-and-sex-us/; United Kingdom Offi ce for National Statistics, "Divorces in England and Wales," 2017, https://www.ons.gov.uk/peoplepopulationandcommunity/birthsdeathsandmarriages/divorce/bulletins/divorcesinenglandandwales/2016; OECD Family Database, "Family Dissolution and Children," 2015, https://www.oecd.org/els/family/SF_3_2_Family_dissolution_children.pdf.

7.C. Dweck, *Mindset: Changing the Way You Think to Fulfi l Your Potential* (London: Hachette UK, 2017).

8.C. R. Knee, "Implicit Theories of Relationships: Assessment and Prediction of Romantic Relationship Initiation, Coping, and Longevity," *Journal of Personality and Social Psychology* 74 (1998): 360–370.

9.E. J. Finkel, J. L. Burnette, and L. E. Scissors, "Vengefully Ever After: Destiny Beliefs, State Attachment Anxiety, and Forgiveness," *Journal of Personality and Social Psychology* 92, no. 5 (2007): 871–886.

第 6 章

1.J. L. Petriglieri and O. Obodaru, " Secure- Base Relationships as Drivers of Professional Identity Development in Dual- Career Couples," *Administrative Science Quarterly* (2018), https://doi.org/10.1177%2F0001839218783174.

2.J. Bowlby, *A Secure Base: Clinical Applications of Attachment Theory* (London: Routledge, 1988), 62.

3.J. Bowlby, *Attachment and Loss, vol. 1, Attachment* (1969; repr. London: Hogarth Press/Institute of Psychoanalysis, 1982).

4.E. J. Finkel, *The All- or- Nothing Marriage: How the Best Marriages Work* (New York: Penguin, 2017).

第 7 章

1.E. Galinksy, *Ask the Children: What America's Children Really Think about Working Parents* (Darby, PA: Diane Publishing Company, 1999).

2.R. Clayton, "Can You Aff ord to Change Your Career?" *Harvard Business Review* digital article, 2018, https://hbr.org/2018/08/ canyou-aff ord-to-change-your-career.

3.R. M. Rilke, *Letters to a Young Poet , trans*. M. D. Herter Norton (New York: Vintage Books, 1929), 34.

第 8 章

1.L. Gratton and A. Scott, *The 100-Year Life: Living and Working in an Age of Longevity* (London and New York: Bloomsbury Business, 2017).

2.J. Oeppen and J. Vaupel, "Broken Limits to Life Expectancy," *Science* 295 (2002): 1029–1031; Gratton and Scott, *The 100-Year Life*.

3.OECD Family Database, "Age of Mothers at Childbirth and Age-Specifi c Fertility," 2018, OECD Social Policy Division, Directorate of Employment, Labour and Social Aff airs, https://www.oecd.org/els/soc/SF_2_3_Age_mothers_childbirth.pdf; and Y. S. Khandwala et al., "The Age of Fathers in the USA Is Rising: An Analysis of 168,867,480 Births from 1972 to 2015," Human Reproduction 32, no. 10 (2017): 2110–2116.

4.B. Schwartz et al., "Maximizing Versus Satisfi cing: Happiness Is a Matter of Choice," *Journal of Personality and Social Psychology* 83, no. 5 (2002): 1178–1197; S. S. Iyengar, R. E. Wells, and B. Schwartz," Doing Better but Feeling Worse," *Psychological Science* 17, no. 2 (2006): 143–150; and A. Roets, B. Schwartz, and Y. Guan, "The Tyranny of Choice: A Cross- Cultural Investigation of Maximizing- Satisfi cing Eff ects on Well-Being," *Judgment and Decision Making* 7, no. 6 (2012): 689–704.

5.D. W. Winnicott, *Playing and Reality* (London: Tavistock Publications, 1971).

6.G. Sheehy, *Passages: Predictable Crises of Adult Life* (New York: E.P. Dutton, 1974).

7.E. Finkle, *The All- or- Nothing Marriage: How the Best Marriages Work* (New York: Dutton, 2017).

8.S. M. Drigotas et al., "Close Partner as Sculptor of the Ideal Self: Behavioral Affirmation and the Michelangelo Phenomenon," *Journal of Personality and Social Psychology* 77 (1999): 293–323.

9.A. H. Maslow, "A Theory of Human Motivation," *Psychological Review* 50, no. 4 (1943): 370–396.

10.Renee Stepler, "Led by Baby Boomers, Divorce Rates Climb fo America's 50+ Population," Pew Research Center, March 9, 2017, http://www.pewresearch.org/ fact- tank/2017/03/09/ led- by- baby- boomersdivorce-rates-climb-for-americas-50-population/.

11.D. Bair, *Calling It Quits: Late- Life Divorce and Starting Over* (New York: Random House, 2007).

12.M. J. Rosenfeld, "Who Wants the Breakup? Gender and Breakup in Heterosexual Couples," *in Social Networks and the Life Course* , ed. D. Alwin, D. Felmlee, and D. Kreager (New York: Springer, 2018), 221–243.

13.A. Wittenberg- Cox, *Late Love: Mating in Maturity* (Carlsbad, CA: Motivational Press, 2018).

第 9 章

1.H. Ibarra and J. L. Petriglieri, "Identity Work and Play," *Journal of Organizational Change Management* 23, no. 1 (2010): 10–25.

第 10 章

1.E. Fromm, *The Art of Loving* (New York: Harper & Row, 1956).

2.S. Freud, *Civilization and its Discontents* (1930; repr. New York: W.W. Norton and Company, 1962), 48.

附錄

1.J. E. Pixley, "Diff erentiating Careers from Jobs in the Search for Dual- Career Couples," *Sociological Perspectives* 52 (2009): 363–384.

2.R. Rapoport and R. N. Rapoport, *Dual- Career Families Re- examined: New Integrations of Work and Family* (London: M. Robertson, 1976).

3.B. G. Glaser and A. Strauss, *The Discovery of Grounded Theory: Strategies for Qualitative Research* (Chicago: Aldine de Gruyter, 1967).

4.R. Atkinson, *The Life Story Interview* (Thousand Oaks, CA: Sage, 1998).

5.A. Strauss and J. M. Corbin, “Grounded Theory Research: Procedures, Canons, and Evaluative Criteria,” *Qualitative Sociology* 63 (1990): 284–297.

・綠蠹魚 YLP38

雙薪家庭進化論

打造神隊友，成就彼此的愛情與事業

・作　　者　珍妮佛・彼崔格里利（Jennifer Petriglieri）
・譯　　者　実瑠茜
・封面設計　萬勝安
・內頁排版　A.J.
・行銷企畫　沈嘉悅
・副總編輯　鄭雪如

・發 行 人　王榮文
・出版發行　遠流出版事業股份有限公司
100 臺北市南昌路二段 81 號 6 樓
電話 (02)2392-6899
傳真 (02)2392-6658
郵撥 0189456-1

著作權顧問　蕭雄淋律師

2020 年 3 月 1 日 初版一刷
售價新台幣 380 元（如有缺頁或破損，請寄回更換）

ISBN 978-957-32-8714-8

遠流博識網 www.ylib.com E-mail: ylib@ylib.com
遠流粉絲團 www.facebook.com/ylibfans

國家圖書館出版品預行編目 (CIP) 資料

雙薪家庭進化論：打造神隊友，成就彼此的愛情與事業 /
珍妮佛．彼崔格里利 (Jennifer Petriglieri) 著；
実瑠茜譯．-- 初版．-- 臺北市：遠流，2020.03
320 面；14.8*21 公分．--（綠蠹魚；YLP38)
譯自 :Couples That Work:How Dual-Career Couples Can Thrive in Love and Work
ISBN 978-957-32-8714-8(平裝)
1. 雙薪家庭 2. 夫妻 3. 生活指導

544.1　　108022840